Les sacoches de la mobylette bleue

Yolande Koch-Thomassin

Les sacoches de la mobylette bleue

Roman

LE LYS BLEU
ÉDITIONS

ISBN : 979-10-422-0015-2

Illustrations originales créées par l'artiste
Pierre Bérard

À mes fils, Benjamin et Guillaume

Dodo sur mon dos

Doux mots tendres
Mon dos te portera.
Dos doux si fort
Pour ton bébé si beau !
Mon dos pour toi,
Pour ton bébé d'amour
Dos si docile
À son corps souple, je ploierai mon dos
Pour porter ce précieux fardeau
Comme je portais ton corps
Sur mon dos en corbeille
Je porterai ton enfant
Sur mon dos tout pareil.

Basile

Je l’ai rencontré le 6 juin, et cela a bouleversé ma vie.

Les bras de sa mère étaient l’unique rempart contre l’univers qu’il découvrait. Sans parler, sans voir, sans comprendre, il m’expliquait ce qu’était la vie, petit corps émouvant qui réunit l’amour d’une famille.

Deux années plus tard, son frère Gaspard décuplait cet amour.

Fragrances

Lorsqu'il rentre le soir, papa range sa mobylette bleue dans la cave.

Je cours le rejoindre, j'aime l'odeur puissante du moteur chaud, mêlée à celle de la poussière du sol. J'ouvre les sacoches en simili cuir, le clic de la fermeture claque joyeusement à mes oreilles.

Dans les sacoches de la mobylette bleue, mes bras menus plongés au hasard, j'espère une surprise.

Le vent, la pluie, le soleil parfument maman, rentrée des courses qu'elle fait à bicyclette, par tous les temps. Elle sent le cake marbré à peine sorti du four, le savon de Marseille, la lessive.

Toutes ces fragrances illustrent les souvenirs de mon enfance.

Généalogie de Yo

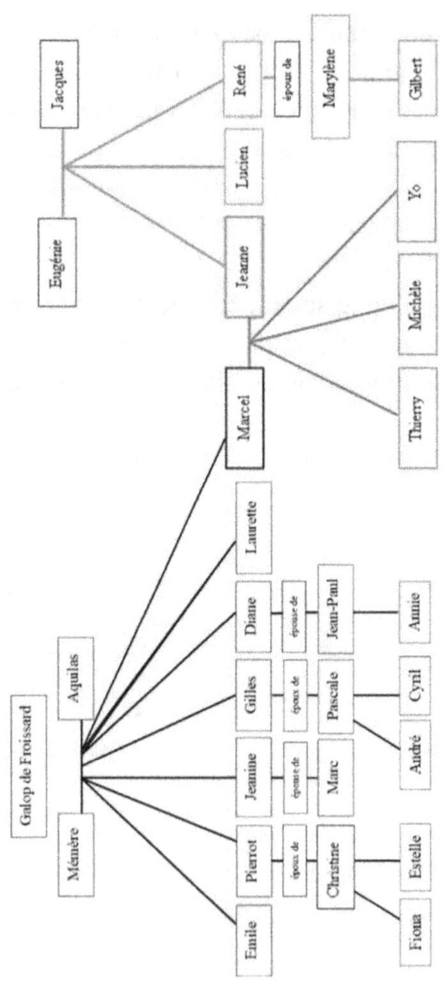

Caramel dur

Je tire un long fil de caramel, ma salive chocolatée a ramolli doucement le bonbon coriace comme un rocher.

De mes doigts collants et sales, j'enroule la friandise tant convoitée afin de ne pas la dévorer d'un coup.

Je fabrique ensuite une boule, façonnée par ma langue agile, que je recrache dans le creux de ma main.

Quel subtil délice !

Entre mes paumes, je roule alors la pâte ramollie et l'engloutis promptement. Le caramel avalé, j'en retrouve la saveur fondue en léchant mes mains, tiédies et collantes du sucre frotté.

Lorsque les bonbons manquent, j'arrache un peu de pain, le tartine de beurre et de moutarde.

Je brave l'explosion de mes narines enfantines, fière d'avoir résisté à l'attaque épicée.

Ma sœur, aînée de cinq années, me défie de manger des savonnettes. Je choisis alors le parfum lavande sans hésitation et je grignote, en grimaçant, le pavé indigeste.

Salam, c'est son prénom musulman, broute de l'herbe qu'il partage avec générosité. Du haut de ses six années pleines de sagesse, il explique qu'il veut habituer son estomac à digérer cette offrande abondante du ciel pour braver une famine éventuelle. Nous mâchons donc tous deux, consciencieusement, ce mets divin au goût d'enfer.

Je raffole aussi des bananes noires de peau.

Délicatement, je tapote l'enveloppe prête à se rompre, à la limite du comestible et de la pourriture. Il me faut l'éplucher avec minutie, et, si je veux avoir une chance de le dévorer, je dois maintenir ce trophée droit et fier, la moindre erreur le ferait s'écrouler.

J'aime aussi les pommes maraudées provoquant des tortures gastriques. Mon camarade Charly me suit dans ce délit et nous nous sentons aussi libres que des oiseaux migrateurs. Cachés au fond du jardin, nous croquons joyeusement le fruit défendu en riant aux éclats.

Mais ce que je préfère, ce sont les souris en caramel dur enrobé de chocolat au lait.

Jeanne

De maman, il y a tant à dire, et si peu à la fois. Quels sont ses démons, quelles sont ses joies ? Elle semble souvent ailleurs.

Lorsque je l'observe parfois, je me demande à quoi elle rêve.

Je sais d'elle qu'avant son mariage, ses parents lui laissaient son salaire d'ouvrière chez DMC, une fabrique de tissu dans la petite ville de Pfastatt. Elle parle peu de cette période. Pourtant je crois que c'était, pour elle, deux années de sa vie d'une liberté totale. L'insouciance de sa jeunesse, un peu d'argent, les amis, aucune contrainte, son existence était facile. Elle n'imaginait pas les difficultés de sa vie de famille à venir.

Elle a eu son fils Thierry à l'âge de 24 ans. Puis deux ans plus tard, Michèle, sa fille. Je suis née cinq ans après, à l'époque, la pilule n'existait pas.

Jeanne se consacre à gérer le foyer, assurer le quotidien de cinq personnes.

J'ai l'impression qu'elle n'a pas d'autre ambition, elle semble accepter cette mission. Mais c'est son regard dans le vague qui m'interroge. Qu'aurait-elle réalisé si elle avait choisi de continuer à travailler ?

Elle est très discrète, timide, sûrement parce que le foyer l'enferme dans une prison affectueuse, mais une prison tout de même. Aurait-elle révélé une passion si elle avait découvert un univers plus large ?

Elle adore créer des petits plats délicieux qui régalent toute sa famille. Serait-elle devenue restauratrice ?

Elle s'interroge continuellement à propos des meilleurs produits à utiliser pour la santé des siens. Serait-elle devenue nutritionniste ?

Elle va souvent découvrir les nouveautés d'un magasin de décoration à Mulhouse. Elle économise consciencieusement quelques francs pour acquérir un tableau, un bibelot précieux à ses yeux. Comme maman fréquente toujours le même magasin, elle est connue et fait mettre de côté l'objet du désir. Cela peut durer plusieurs mois.

Le commerçant lui fait confiance et, pour quelques francs à peine, il lui réserve le futur achat. Serait-elle devenue décoratrice ?

Les voisines de notre quartier adorent papoter à travers le grillage séparant les maisons jumelées. Maman sait écouter, sans jamais dénigrer personne. Elle ne juge pas, elle atténue les colères ou les scandales qui se racontent dès que l'occasion se présente. Il faut dire que la vie des ménagères manque un peu de piment.

Serait-elle devenue psychologue ?

Notre maison est rutilante de propreté, l'hygiène est pour maman d'une importance capitale. Elle redoute les risques de maladies liées aux bactéries.

Serait-elle devenue hygiéniste ?

Elle gère l'argent du foyer, nous ne manquons jamais de rien (à part d'affaires de classe !)

Serait-elle devenue comptable ?

Elle sait rire de nos bêtises et nous gronde rarement. Elle a une confiance démesurée en notre avenir, persuadée que nous serons tous les trois capables de construire nos vies, car elle dit que « nous savons y faire ». Elle nous offre la conviction d'être forts.

Serait-elle devenue coach de vie ?

Maman est effacée, gentille, aimante. Tout ce qu'elle aurait pu être, elle l'a rêvé.

Sa réalité est bien plus captivante : aimer sa famille et ça, elle le réalise.

Marcel

Comme tous ses frères et sœurs, Marcel est très mince et de taille moyenne. Les années de labeur s'inscrivent en caractères gras sur son dos légèrement voûté.

Il part chaque matin, très tôt, chevauchant sa mobylette Peugeot bleu clair pour aller travailler. Il parle peu de son métier, à part lorsque son chef l'importune. Le travail d'agent administratif n'est pas une passion pour lui, mais il est consciencieux car l'essentiel est de subvenir aux besoins de sa famille.

Marcel cultive un énorme potager. Il y passe des heures entières à nettoyer les plates-bandes. Je le vois accroupi, à la chasse aux mauvaises herbes, armé d'un sarcloir et d'une obstination digne d'une mule. Je crois que ce carré cultivé représente une prison où Marcel s'enferme afin de se sentir libre.

Papa est aussi généreux que la production de son potager. Des kilos de légumes, des kilos de générosité, cette balance équilibrée ne vacille jamais. À l'affût des besoins d'autrui, il offre son temps pour un coup de main aux voisins auxquels il prête volontiers ses outils. Marcel aime se rendre utile.

J'admire l'organisation de son atelier. Il a fixé des planches au plafond bas de la cave. Maman a conservé des pots de verre vides avec leur couvercle. Une fois percé, cet opercule vissé au plafond peut maintenir le bocal suspendu. Chaque sorte de vis est alors visible immédiatement.

Ce système ingénieux permet à Marcel de trouver rapidement ce dont il a besoin. Il est fier de son installation, et j'adore m'amuser à dévisser les écrins de boulons, de vis, de clous, qui ornent en farandole le dessus de l'établi.

Parfois, mis en joie par la dégustation d'une bière bien fraîche, il se met à chanter. Il module sa voix de baryton qui résonne dans tout le quartier. Son répertoire est toujours le même, Rigoletto de Giuseppe Verdi, en alternance avec Carmen de Bizet.

Je le sens heureux lorsqu'il fait vibrer ses cordes vocales. Sa voix forte étonne : comment un homme frêle trouve-t-il autant de puissance en lui ?

Marcel se transforme en une célébrité, le temps d'une chanson. De jardinier, il devient star en quelques notes. Son habit de travailleur devient un costume de scène. Son jardin se transforme en théâtre. Je suis la spectatrice la plus fanatique de papa. J'applaudis à tout rompre. D'une révérence, Marcel quitte les planches pour retourner cueillir ses légumes, ou réparer quelque chose dans la maison.

Il y a une lueur céleste dans les yeux bleus de Marcel. Parfois, un nuage y passe, papa disparaît alors dans son monde fantastique où l'imaginaire fait place à la simplicité de son quotidien.

Une opacité ferme son regard, personne alors ne peut ouvrir les portes de son cœur. Il est solitaire dans cet univers où l'oubli de la réalité lui offre une planète à sa mesure.

Mais, très vite, il retrouve sa femme et ses enfants, offrant à nouveau son attention et sa tendresse sans limites.

Thierry

Quatre heures trente du matin, la maison endormie résonne des pas de mon frère. Il doit traverser la ville pour être à cinq heures à son travail. Tous les samedis, il monte des stands au marché de Mulhouse. Le soir, il y retourne pour le démontage. Il complète sa rémunération en distribuant chaque semaine le journal gratuit du PAM, petites annonces mulhousiennes.

Depuis l'âge de quatorze ans, Thierry économise scrupuleusement son argent gagné durement. Il veut se payer le permis de conduire et une voiture pour ses vingt et un ans.

En attendant, lorsque je le vois arriver à vélo devant la petite porte du jardin, je me précipite pour lui ouvrir. Thierry, comme un acrobate, lève les jambes et roule en équilibre, sans s'arrêter, jusqu'au bout de la petite allée. C'est un rituel, et il se réjouit de me voir rire de sa clownerie.

Un jour, il veut surpasser sa performance. Il lâche le guidon et s'étale de tout son long !

Je suis partagée entre le rire et la tristesse. Thierry se relève sans rien dire et, fier, entre dans la maison.

Mon frère ne parle pas beaucoup. Nos conversations se résument à l'intendance. Je suis de sept ans sa cadette, il m'impressionne par sa maturité. Il a davantage d'autorité sur moi que mon père. Ce que dit

Thierry est essentiel, mais extrêmement rare. « Où tu vas ? » Je réponds comme un soldat face à son général : « Je vais jouer dehors. »

Il choisit des mots précis, des phrases courtes « Ne rentre pas trop tard. » Je réponds : « Oui bien sûr ! ». Mais pour moi, « pas trop tard » signifie au bord de la nuit. Comme il n'est pas là lorsque je rentre, cela m'arrange bien.

Le temps semble précieux pour lui, l'inutilité du verbe tait ses pensées. Moi, si bavarde, face à lui je perds mes mots, ils disparaissent au fond de ma gorge. Je respecte son mutisme, les phrases de mon enfance ne sont pas celles de son adolescence. Jamais je ne le contredirais. Parfois, ses copains viennent à la maison. Tous des « grands » !

J'espionne leurs conversations, je ris de leurs blagues que je ne comprends pas.

Un jour, je rentre de l'école et je vois dans notre jardin une magnifique voiture, une 203 noire. Elle est garée devant les géraniums que l'on appelle « papa et maman » car ils ont chacun la silhouette de nos parents.

Géranium Papa tout fin, Géranium Maman plus rond.

Le noir rutilant de la voiture éclate au milieu des couleurs rose et violet des deux massifs. C'est magnifique.

Chez nous, je n'ai jamais vu de voiture garée. Papa roule sur sa mobylette bleue et nous avons chacun un vélo pour nos déplacements. Thierry, grâce à ses petits boulots depuis plusieurs années, a acheté cette merveille, et tout le monde peut la voir depuis la rue. Comme cela n'entrait pas dans son budget, il a acquis cette voiture avec son ami Gérard.

Ils partent ensemble visiter les châteaux de la Loire. Pour moi, c'est comme s'ils traversaient le monde entier, tels deux aventuriers.

Mon vélo me porte dans les rues du quartier, mon frère a la possibilité de découvrir d'autres pays.

Comme je l'envie, cette indépendance.

Je la souhaite tellement !

Je me sens engoncée dans un tout petit monde, l'enfance m'emprisonne. Je veux moi aussi m'évader comme les adultes. Je m'installe au volant de la voiture, j'imagine conduire sur les routes au hasard, découvrant enfin un univers différent.

Une souris sur le siège arrière stoppe net mon voyage. Je m'enfuis en hurlant, oubliant mes envies d'aventures.

Thierry passe des heures à bichonner sa Peugeot. Ce bijou précieux doit être scrupuleusement caressé d'une peau de chamois, par ses mains délicates et expertes.

Le lion de métal chromé, gueule ouverte, emblème de la marque, brille de mille feux à l'avant du capot rutilant.

Mes menottes malhabiles ne méritent que le nettoyage des roues. Nous ne parlons pas pendant l'astiquage. Thierry adore le silence. Il est toujours mystérieux concernant sa vie privée.

À part ses amis proches, nous ne savons rien de ses escapades. Il est très sérieux dans tout ce qu'il fait.

Cette rigueur me manque tant. Je suis son opposée. Je ne m'attarde que sur ce qui me semble intéressant. Par exemple, l'école m'ennuie, Thierry, lui, est très studieux. Nous sommes élevés avec les mêmes valeurs, nous les appliquons différemment. Thierry est un fils modèle, suivant les règles et respectueux de ses pairs. Pour ma part, je n'écoute pas toujours les dictats de mes parents.

Thierry est celui qui trace le chemin pour y conduire ses sœurs. Il a pour mission de nous guider. Et il le fait.

Même si je choisis toujours l'autre voie, il remplit son rôle de grand frère.

Michèle

Nous n'avons pas besoin de nous crêper le chignon, nos cheveux frisés serrés le sont déjà suffisamment.

J'adore provoquer ma grande sœur. Elle déteste le désordre, je jette en boule mes vêtements dans notre chambre. Michèle les ramasse rageusement en me menaçant de m'étouffer. Elle me poursuit avec son oreiller, j'attrape le mien et la provoque pour une bataille sur nos lits. Nous finissons par rire, suffocant à moitié.

Nous partageons un espace de neuf mètres carrés : une armoire à miroir, deux lits, deux petits chevets, et pas d'espace pour circuler. Nous avons essayé de bouger les meubles dans tous les sens afin de trouver le moyen de construire un coin qui nous ressemble.

J'ai dessiné des fleurs sur la tapisserie à côté de mon lit. Michèle a choisi la place en face de l'armoire. Le soir, c'est elle qui éteint la lumière, m'obligeant à dormir alors que je veux jouer. Je grogne et, finalement, sombre dans mes rêves.

Michèle a cinq ans de plus que moi. Cela lui donne l'autorité de l'aînée. Chaque soir, dès qu'elle semble dormir, je me lève tout doucement pour aller rejoindre le lit de maman dans la chambre d'à côté.

« Recouche-toi tout de suite ! » L'injonction de ma sœur sonne comme le tranchant d'une hache sur un billot. Penaude, je retourne dans mon lit, luttant contre le sommeil. Parfois, j'arrive à déjouer sa surveillance, et maman m'accueille dans sa couche douillette. Papa ronfle à côté, ignorant ma présence. Le bruit régulier de sa respiration me rassure, il est tout près de moi, mes cauchemars peuvent s'envoler.

Dans notre petite maison, il n'y a pas de toilettes à l'étage. Maman a installé un pot de chambre jaune, avec un couvercle, en haut de l'escalier. Chaque soir, ma sœur me rappelle que je dois l'utiliser avant d'aller au lit.

C'est elle qui me réveille le matin et vérifie mes vêtements, jusqu'à mes dix ans. Elle me demande chaque jour si j'ai brossé mes dents, fait mes devoirs, rangé ma chambre, et cela m'agace !

Nous nous disputons souvent, j'ai horreur de l'autorité. De plus, maman est toujours conciliante, aussi les ordres de Michèle m'énervent. Lorsque j'ai environ onze ans, ce rapport change. Nous devenons plus complices. Michèle me raconte ses petits flirts et moi, en tant qu'experte prépubère, je lui donne des conseils.

À treize ans, je l'emmène au club 1900, une boîte de nuit à Mulhouse. J'y suis allée auparavant avec la maman de deux amies du collège. Du haut de ses dix-huit ans, Michèle découvre la fête nocturne grâce à moi. Nous n'avons pas d'argent, l'entrée est gratuite pour les filles. Lorsque nous avons soif d'avoir trop dansé, nous allons aux toilettes boire l'eau du robinet.

Cela fonctionne aussi pour fuir les slows lorsque les garçons invitent les filles à danser, collé-serré.

C'est à cette époque-là que Michèle et moi sommes devenues les meilleures sœurs du monde. La différence d'âge n'existe plus, l'autorité a fait place à une complicité qui jamais ne disparaîtra.

Michèle est un peu timide, moins que maman, mais elle garde toujours prudemment quelques réserves dès lors qu'elle affronte l'inconnu.

Elle commence à travailler très jeune dans une entreprise de matériel pour le bâtiment.

Elle s'occupe de l'accueil et du standard. Parfois, elle m'emmène sur son lieu de travail. C'est un monde d'hommes, très misogyne, mais, à l'époque, cela paraît normal.

Elle a un salaire, c'est la fortune, elle peut s'offrir des vêtements, des chaussures. Il me tarde de faire pareil.

Michèle achète des robes qui me semblent trop classiques. Elle a un côté chic, très bourgeois. Maman lui dit de n'acheter que de la « qualité ». D'économiser pour choisir ensuite des produits chers. Par exemple, Michèle commence à investir dans du linge de maison. L'idée du trousseau de jeune fille existe encore.

Moi je ris et affiche bien fort la mode du jean, pull et baskets. Maman dit alors que pour moi, ce n'est pas la même chose. Je ferai comme je le souhaite car de toute manière je m'en sortirai toujours.

Je ne sais pas pour quelle raison elle est autant convaincue de cela. Pourquoi couve-t-elle Michèle ? Quel instinct lui dicte de me faire confiance comme si je détenais une vérité ?

Cela me convient...

« Viens, on part à vélo. », « Viens, on va en boîte. », « Viens, on va en ville. » Je veux que Michèle explose sa pudeur et sa timidité pour trouver la légèreté et l'insouciance qui me caractérisent. « La vie est belle, ne pense pas à demain, on a le temps ! »

Michèle songe à son avenir. Elle est raisonnable, prévoit son budget.

J'ignore cette rigueur, cela freine l'enthousiasme de notre jeune âge. J'ai cinq ans de moins mais je comprends que nous sommes au moment de notre vie où l'insouciance est un véritable cadeau. La vie des adultes est compliquée, difficile. Pourquoi entrer dans ce monde avant l'heure alors que notre jeunesse nous offre du bonheur à l'état pur ?

Michèle a la générosité de maman. Elle n'hésite jamais à m'offrir sa part de tarte, ce délice sucré fait maison est pour moi un dessert paradisiaque. Michèle dit qu'elle a trop mangé et rit de me voir dévorer son gâteau. Pour elle, la famille est un trésor. Personne ne peut y toucher.

Malgré son côté frêle, elle se transforme en monstre si quelqu'un cherche à nous faire du mal. Lorsqu'elle se met en colère, j'ai l'impression qu'elle grandit de trente centimètres et qu'elle décuple ses muscles. Personne n'est plus fort qu'elle face à la défense qu'elle déploie si un quelconque danger nous menace.

Un jour, un petit voyou du quartier d'à-côté me vole une jolie pochette en cuir. Je me plains auprès de ma sœur. Elle frappe sans hésiter à la porte de la maison du voleur. En hurlant qu'elle va appeler la police, elle menace ses parents qui lui crachent des insultes. Michèle ne récupère pas l'objet mais j'admire sa détermination.

Si je pouvais choisir une sœur idéale sur un catalogue, une sœur gentille, aimante, généreuse, belle, un peu folle parfois, un peu trop raisonnable, sincère, drôle, complice, eh bien elle se nommerait Michèle !

Personne d'autre qu'elle ne saurait être tout cela.

Anne

J'envie ses longs cheveux moirés aux nuances d'automne. Anne ressemble aux portraits, à la mode, de jeunes filles romantiques. Elle est la douceur et l'éclat de rire mélangés. Toutes les deux, nous sommes inséparables. Nous nous quittons parfois quelques semaines pour nous retrouver ensuite, encore plus proches.

Anne n'a pas la même liberté que moi. Lorsque je l'invite à me suivre dans la rue, d'un regard frustré elle me répond qu'elle doit faire ses devoirs. Je sens son envie de découvrir mon univers, interdit pour elle. Je lui raconte mes escapades. Les copains portugais, les copines marocaines, les courses dans les bâtiments en chantiers, tout cela est défendu pour Anne.

En revanche, elle me parle de sa gentille grand-mère, des vacances qu'elle passe avec ses parents, des week-ends dans leur chalet à Geishouse, et pour moi c'est également complètement étrange. J'y vais pour la première fois vers l'âge de huit ans.

En pleine nature, la maisonnette juchée sur une colline, à l'écart du village, a été construite par le papa d'Anne en 1968. J'y découvre une nature splendide, l'authenticité de la campagne, et surtout la vie familiale de mon amie.

Paul, son père, est aussi autoritaire que tendre. Isabelle, sa maman, se montre aussi sucrée que les gâteaux qu'elle confectionne pour nous. Il y a un rythme, une routine. Cela contraste avec la manière de vivre chez nous. C'est rassurant. Cependant, je préfère la liberté que me procure la rue.

Le soir, au coucher, Isabelle s'assoit au bord du lit et nous épluche des pommes. Nous les dévorons, telles deux petites princesses, bien calées entre les oreillers de plume moelleux. J'ai l'impression de vivre dans la série télé « La petite maison dans la prairie », Anne est l'enfant prodige et adorable de l'épisode. Ses parents modèles connaissent par cœur le répertoire de la famille idéale.

Je découvre autre chose, une manière de vivre différente. Il y a des livres partout. Le chalet résonne des chansons de Brassens, Ferrat, Barbara. Chez nous, le bruit de fond est celui de la télé.

Je m'imprègne de cette plénitude, de ce calme, de la beauté de la montagne. En été, nous nous baignons dehors dans une grande bassine de zinc. Nous sommes nues au soleil, batifolant avec le tuyau d'arrosage. Tout est simple, beau, limpide.

Lorsque nous allons faire une marche pour la journée, Isabelle nous prépare un pique-nique fabuleux. Au retour d'une randonnée, je dis à Anne : « Je n'arrive pas à finir mon fromage. », « Jette le reste ! » Je suis interloquée par sa réponse. Jeter du fromage, car il y en a trop, est un luxe inouï. De toutes mes forces, j'envoie le morceau de gruyère au milieu de la forêt pour nourrir généreusement les fourmis. Je n'ai jamais fait cela avant. Ce geste est gravé dans mon corps, dans ma tête, comme étant le plus déraisonnable de mon enfance.

Anne a la faculté de plonger instantanément dans les personnages imaginaires de nos jeux. Elle est une squaw avec sa longue natte, une espionne pour la France, je suis toujours l'homme qui la sauve.

Bien sûr, nos personnages tombent amoureux et, un jour, ma sœur nous surprend en train de nous embrasser sur la bouche.

« Mais qu'est-ce que vous faites ? Je vais le dire à maman ! »

Elle nous sort brusquement de notre film d'aventure, nous avons l'impression d'avoir commis un outrage aux bonnes mœurs.

Lorsqu'Anne revient jouer, nous nous assurons de ne pas être prises en flagrant délit de romances amoureuses.

Anne a la douceur de l'amie inconditionnelle. Elle sait que je partage mes camaraderies avec une bande de copains qu'elle ne connaît pas. Elle se réjouit de mes escapades, je lui raconte les jeux dans la rue, sur les chantiers, dans les champs. J'échappe aux contraintes et cela plaît à mon amie envieuse et admirative. Vivre dans une famille idéale a un prix. Pour elle, c'est celui d'une liberté identique à la mienne.

Nous savons que, notre vie entière, nous serons amies.
Pas besoin de pacte, l'évidence est là.

Anne, miroir de ma vie, reflet de mon existence, témoin de ma réalité, ne peut disparaître de mon histoire.

Anne, ma sœur Anne, tout est dit.

Je m'appelle Salam

À l'école, tout le monde m'appelle Salami. Pour un musulman, c'est bizarre !

Fatima, ma petite sœur, dort avec maman depuis plusieurs mois. Elle a de la chance ! Nous autres, ses huit frères et sœurs, couchons en rangs d'oignons sur des matelas posés sur le linoléum de la petite baraque qui nous sert de maison.

Paraît que Fatima est malade, elle a quatre ans, c'est vrai qu'elle est un peu pâlotte mais elle rit tout le temps. Elle est où sa maladie ? Moi, quand je ne suis pas bien, je pleure, je me recroqueville dans un petit coin et je me plains. Ça m'arrive surtout après avoir mangé de l'herbe avec Yolande, ma copine alsacienne qui est frisée comme un mouton.

Je l'ai rencontrée dans le bloc en construction derrière le bidonville. C'est comme ça que s'appelle mon quartier. Bidonville des Jonquilles. Y'a surtout des bidons, j'ai jamais vu de jonquilles.

Le surnom de Yolande c'est Mouton, ou Yoyo quand on est pressé. Elle ne parle pas l'arabe ni le portugais, le polonais non plus. Elle est française et c'est la seule dans notre groupe de copains. Elle habite une jolie maison jumelée, un peu plus loin, dans le quartier des domiciles « en dur ».

Son papa a la même mobylette que le mien. Ça m'étonne, je pensais que tous les Français étaient riches et avaient une voiture.

Jeudi dernier Yoyo m'a rapporté un cahier à tous petits carreaux. La couverture cartonnée noire est épaisse et solide. J'étais très content car j'adore dessiner et, des cahiers, j'en ai pas trop. Yoyo m'a dit que si j'en voulais un autre, c'était possible car son papa les prenait à son travail et cela ne coûtait rien. Même si c'est gratuit, c'est un joli cadeau. L'autre jour, avec mon grand frère Nasser, j'ai réussi à voler une boîte de crayons de couleur à la librairie Gangloff à Mulhouse. J'ai caché la boîte dans mon pantalon trop grand et la caissière n'a rien vu. Mon frère a préféré choisir un livre, malheureusement il a été pris en flagrant délit et la vendeuse lui a couru après. Mon frère court très vite, elle n'a pas pu le rattraper, mais il ne pourra pas retourner à la librairie avant quelque temps.

Ce qui est pratique c'est que les Français trouvent que les Arabes se ressemblent tous. La vendeuse aura vite oublié le visage de Nasser. Par contre, quand on est arabe, il est vrai que les gens nous observent d'un regard méfiant. Moi j'ai trouvé le truc pour être bien vu : je souris de toutes mes dents et je suis très poli.

Ça marche pas toujours mais ça vaut la peine, la preuve j'ai pas été choppé et j'ai une très belle boîte de couleurs.

Séparation, Michèle
Yo, 3 ans

Jeanne est hospitalisée d'urgence un matin de printemps. Après sa troisième grossesse, elle doit subir « la totale », une opération la rendant infertile. Son pronostic vital est engagé. Je n'ose imaginer sa souffrance.

Chacun des trois enfants est réparti dans la famille pendant ses trois mois de convalescence.

Michèle part chez nos grands-parents maternels, Eugénie et Jacques. Ils habitent à Richwiller, dans un logement de fonction dédié aux mineurs à la retraite.

Wittelsheim est le berceau de la découverte du gisement de potasse en 1904. Jacques descend vingt années durant au fond de la mine. Il a pour compagnons des chevaux, aveugles à force de pénombre, qui meurent, sans jamais revoir le jour. La chaleur atteint 55 degrés, Jacques y creuse les entrailles de la Terre pour en extraire la potasse.

La journée terminée, il remonte prendre sa douche. Dans la salle des pendus, nommée ainsi car les vêtements des mineurs y sont suspendus, Jacques récupère ses habits avant de rentrer chez lui. Ses compagnons de travail sont pour la plupart polonais. Jeanne d'ailleurs a appris le polonais grâce à sa meilleure amie Sophie, sa voisine dans la cité.

Jacques vient de Lorraine, du village de Yutz. Là bas, il est forain, ses spectacles le conduisent dans toute la région. Son singe savant fait l'attraction et la joie des enfants. Il rencontre la sœur d'Eugénie lors d'un spectacle, et tombe amoureux. Elle a un fiancé et cette idylle est impossible. Il courtise alors Eugénie, qui accepte de l'épouser. Il abandonne son métier de forain afin de construire une famille.

C'est comme cela qu'il arrive à Wittelsheim.

À sa retraite, leur appartement de 45 mètres carrés est situé au rez-de-chaussée d'un bloc austère. Il a pour seul attrait d'être à quelques pas de la forêt. Jacques adore s'y échapper de longues heures.

Il cherche des champignons, coupe du bois, hume l'air forestier. Il y retrouve les sensations de liberté de sa jeunesse de forain.

Quelques marches de granit conduisent à l'entrée du minuscule logement. Il est constitué de deux chambrettes, d'une cuisine équipée d'un fourneau à charbon, d'une minuscule salle de bain et d'un w-c. Eugénie et Jacques ont chacun leur chambre, la cuisine fait office de pièce à vivre.

Michèle dort dans le lit d'Eugénie. Il n'y a pas de place pour rajouter un lit dans la pièce. Elle va à l'école du village.

Chaque jour, elle pleure du désespoir de sa solitude. Eugénie n'est pas du genre à câliner une enfant. Michèle ne trouve aucune consolation à sa détresse.

Le matin, elle se rend seule à l'école du village. La rentrée a commencé et les élèves du cours élémentaire 2ème année ont déjà leurs habitudes. Une nouvelle arrivée n'est pas bienvenue, elle perturbe l'équilibre des amitiés existantes.

Parfois, Jacques vient à la sortie de l'école. Il agite ses mains aux nombreux doigts coupés lors d'un accident de travail. Michèle est heureuse de le voir. Il est le seul réconfort dans cette triste prison obligatoire. Jacques, au sourire bienveillant et malicieux, console un peu ma sœur. Les mots ne servent à rien, leurs langues différentes les empêchent de se comprendre. Les grands-parents ne parlent pas français, ils s'expriment en alsacien. Au retour de l'école, les devoirs sont oubliés, le soir au coucher aucune histoire n'est lue.

Le manque maternel est si fort, si douloureux, que Michèle en est marquée à vie.

Séparation, Thierry, Yo
Yo, 3 ans

Jeanne à l'hôpital, mon père qui travaille, nous sommes donc tous les trois casés dans la famille.

Mon frère Thierry ne vit pas la séparation comme Michèle qui en souffre. Il est accueilli chez René, le frère de maman, et son épouse Marylène. La joyeuse maisonnée résonne des cris enfantins de Gilbert et Nicole, nos cousins germains. Brigitte n'est pas encore née.

Marylène prépare de délicieux gâteaux, les repas copieux parent la table, les rires éclatent dans le foyer. René crie gare à ses plates-bandes, mais la maisonnée vibre d'une ambiance familiale conviviale.

Thierry rejoint la classe du cours moyen 2ème année de Wittelsheim. Immédiatement, il se fait des copains. La maîtresse d'école le questionne afin d'évaluer son niveau. Elle découvre qu'il a une réelle avance sur les élèves de la classe. C'est confirmé plus tard par ses bonnes notes. Il se dit que maman serait fière de ses résultats, et que cela l'aiderait à guérir plus vite.

Dans la cour de l'école, il découvre un autre univers. Les enfants de mineurs lui parlent du travail de leur père. Ce milieu lui est inconnu.

Il en apprend la dureté, les dangers, les coups de grisous. Il se sent chanceux, le métier de son papa est tranquille. Son oncle René est électricien, à la surface des potasses de Wittelsheim. Comme Marcel, il ne risque pas sa vie dans la mine.

Lorsque Thierry rentre de l'école, jouer avec son cousin du même âge est une aubaine. Avec nous, ses petites sœurs, les jeux ne sont pas les mêmes. Michèle, plus jeune de deux ans, reste une simple fille, et moi et mes sept années de moins, je suis absolument inintéressante. Gilbert partage ses jouets, ses copains, ses acrobaties. Les deux enfants découvrent une fratrie éphémère, ils profitent de l'occasion pour batailler comme des guerriers. Les gronderies et les mises en garde de Marylène n'altèrent pas leur enthousiasme.

Cette période est pour Thierry un épisode joyeux de son enfance. Pourtant, certains soirs, dans la chambre qu'il partage avec Gilbert, quelques larmes sur ses joues lui rappellent combien nous lui manquons.

Pour ma part, mon séjour auprès de mon parrain Marc et son épouse Jeanine ne me laisse pas un souvenir extraordinaire. Marc me lit chaque soir des extraits de la bible. Ses histoires m'effrayent, j'en fais parfois des cauchemars.

La journée, Jeanine s'occupe de moi. Elle me regarde d'un œil distrait, son tricot capte toute son attention. Des kilomètres de laines colorées glissent entre ses doigts noueux.

Jamais je ne vois un chandail ou une écharpe. Quel mystère ! Où donc passent ses créations ?

Jeanine est une piètre cuisinière, se contentant de boîtes de conserve qu'elle réchauffe pour le dîner. À chaque repas, elle me propose une compote de pommes, également en boîte. Pour cela, ma maman me manque atrocement.

Avant mon séjour chez eux je ne savais même pas qu'il était possible de manger ainsi.

Mais ils sont tous deux d'une extrême gentillesse.

L'école
Yo, 3 ans

Dans les tempes de ma mère claque un fouet aussi furieux que celui d'un dompteur de tigres. Ses yeux murés sont un rempart froissé à la lumière du petit matin. Ses membres, voués à une douleur sans répit, ne peuvent porter son corps affaibli.

Du haut de mes trois ans se dessine une maturité improbable. Mais comment est-ce que je vais aller à l'école pour mon premier jour de classe ?

Bien sûr, le chemin est facile et court, mais à trois ans, c'est un parcours du combattant. Celui de maman, à ce moment précis, est ailleurs. Sa douleur, aux allures d'animal torturé, empêche sa réflexion. « Je ne peux rien faire, je ne peux rien faire ! » Elle gémit, en une plainte lancinante, ces mots désarmés. Je ne dis rien. Je sais que la crise passera au bout de quelques heures.

Les vomissements et la lumière interdite dans la chambre sont fréquents. Ma mère souffre de migraines aussi fortes qu'un ouragan.

Mon père est parti au petit matin, à mobylette. Son travail à l'autre bout de la ville l'oblige à parcourir un trajet aussi long qu'une soif inassouvie. Pour lui, le vin est la source désaltérante d'un pays onirique qui le transporte dans un voyage merveilleux. Il devient alors chanteur lyrique, poussant de ses poumons des notes éthérées. Les voisins rient de ce chanteur à mobylette. Le père enivré, au retour de son travail, offre à tout le quartier sa voix chevrotante.

« Maman, ça va ? » Au travers de la porte, j'attends la réponse. Je sais qu'il ne faut pas entrer dans l'enfer de la douleur de Jeanne.

Les affaires sont préparées la veille. Un cartable, délaissé par une cousine argentée, a fait mon bonheur. À l'école maternelle, il est inutile mais, fièrement, je respire le cuir vieilli. Armée de cette offrande cousinale, je me sens forte. « Eh bien, je pars seule puisque maman est malade ! »

Par la fenêtre, je vois, pour la première fois, ma voisine Anne, accompagnée de sa maman, prête à partir pour l'école. Je me précipite afin de les suivre.

Quelle aubaine !

Salam, bille en tête

Fatima a des yeux couleur de bille en plomb.

Je fais rouler la boule sur le bitume, je veux atteindre l'agate pour gagner la partie. Karim et Pedro jouent avec moi. Le jeu est serré. Je me concentre sur le trajet et la force du lancer. Paf, bing ! Ça y est, j'ai gagné ! Je vais offrir la bille azur à ma petite sœur qui ne se lève plus depuis deux semaines. Maman m'a dit qu'il fallait être très gentil avec elle. Je ne sais pas ce qu'elle a, mais je crois que c'est très grave. Pourtant Fatima continue de sourire gentiment, sauf quand elle est trop fatiguée.

En ce moment, mes parents ne me grondent plus lorsque je rentre tard, ils sont inquiets et s'occupent constamment de ma petite sœur. J'adore jouer avec les copains et les copines du quartier. J'aime aussi m'asseoir seul dans le bloc en construction près de chez nous. Je prends mon cahier à petits carreaux et je dessine le visage de Fatima. Elle a beaucoup changé ces derniers jours. La couleur de sa peau s'assombrit, ses yeux ressemblent à des lacs profonds, ses pommettes accentuent le creux de ses joues. Je ne dessine plus qu'elle, comme nous n'avons pas d'appareil photo je veux me souvenir de son minois de petite fille. Je sais que Fatima ne jouera plus dans la cour, ni nulle part d'ailleurs. J'ai compris.

Yoyo s'assoit parfois à côté de moi, elle ne dit rien quand je dessine, elle observe respectueusement mon application à construire le portrait de Fatima. « Tu dessines si bien, Salam ! » Elle m'encourage et me promet d'autres cahiers.

Nous restons silencieux, découvrant sous mon crayon la naissance de ma sœur qui pourtant se meurt tout doucement.

« Tu dessineras aussi ta maman ? » Je réponds à Yoyo que je ne sais pas encore dessiner la souffrance.

« Alors, dessine ta maison. »

Mon crayon est taillé pour les traits de Fatima, rien d'autre.

Général Chiffon

Maman Jeanne, dite Jeannette, a pour vocation principale de nettoyer la maison. Cette tâche l'absorbe quotidiennement, plusieurs heures durant.

Notre petite maison rutile sous les assauts violents des coups de torchon. L'entrée est couronnée d'une jolie véranda aux fenêtres joyeusement multicolores. Elle abrite nos chaussures, que nous devons impérativement quitter avant de fouler le sol astiqué chaque jour. Les éponges, tueuses de bactéries, commandées par le général Chiffon, gagnent toutes les batailles contre la saleté. Après l'inspection de nos pieds et nos mains, nous sommes autorisés à pénétrer dans le no man's land. Tout étranger, quel que soit son statut, doit présenter son passeport sanitaire. Impossible de passer la frontière avec l'arme biologique logée sous les semelles.

Pour entrer dans le couloir (le reste de la maison est interdit), elle soulève la jambe des intrus, et d'un puissant coup de brosse, frotte la semelle des chaussures impropres.

Elle a le geste sûr des maréchal-ferrant. « Haut les mains » tendues, elle vérifie si nous sommes porteurs de produits toxiques.

Le visa pour pénétrer chez nous est plus difficile à obtenir que celui pour franchir la frontière afghane.

Maman porte constamment un fichu noué dans le cou. Cela lui offre une certaine élégance, les actrices à la mode en sont alors toutes parées. Pour elle, ce couvre-chef a fonction de casque de protection contre un éventuel cheveu indiscipliné, risquant de chuter dans la nourriture. Un tablier froissé couvre sa jupe, sa panoplie est complète, elle est un vrai soldat du ménage et de la cuisine. Mâman mérite une médaille de bravoure face à l'ennemi cruel : le microbe. Aucun miasme ne lui échappe.

Le matin, la cascade de la chasse d'eau résonne pendant notre petit déjeuner. Maman plonge bruyamment la brosse des toilettes dans le conduit abondamment arrosé d'eau de javel. Elle attaque ensuite sans pitié les microbes logés dans la cuisine. Elle seule voit l'ennemi impitoyable et menaçant.

« T'as lavé tes mains ? » est la phrase la plus souvent prononcée par maman. C'est comme un chant de soldat partant au front. Je réponds toujours « Oui bien sûr ! » même si ce n'est pas le cas. J'ai alors l'impression d'avoir déjoué l'attaque militaire du général Chiffon. Je deviens l'espionne infiltrée, ma mission est d'envahir le pays avec mon armée de microbes. Ça ne marche jamais car ma simple réponse ne suffit pas à maman. Elle attrape mes mains, les retourne, écarte les doigts et, finalement, les repasse sous le robinet.

Les meubles de la maison ne sont pas épargnés dans cette chasse aux virus. Aucun d'entre eux ne peut survivre à l'abondante cire déversée sur le bois. La maison entière sent l'encaustique. La bataille la plus effrénée est menée contre les mouches. La tapette toujours à disposition, maman les chasse sans pitié. Pour elle, cet insecte représente l'intolérable, la pourriture !

Lorsqu'elle rentre du marché, les légumes sont lavés abondamment. Les épluchures sont épaisses, afin d'amoindrir le risque de manger des pesticides.

Le grenier et la cave ne sont pas délaissés. Le général Chiffon mène stratégiquement ses batailles contre l'envahisseur Poussière. Elle gagne chaque jour son combat, pugnace et déterminée. Elle investit régulièrement dans l'achat de ses armes, éponges, seaux, balais, serpillières qui sont changés régulièrement.

Il faut un matériel efficace pour gagner l'asepsie.

Chaque semaine, lorsqu'elle change les draps, je me régale de l'odeur fraîche de la lessive. J'enfouis mon nez dans la profondeur de l'oreiller, humant l'enivrant parfum fleuri.

Le repassage est un moyen efficace de tuer tout risque de pathologie possible. Ainsi les oreillers et draps sont aussi plats que s'ils sortaient de leur emballage. J'aime la rigueur du lit au carré, comme celui des bidasses.

Parfois, je me rebelle face au général Chiffon. Je fais couler l'eau de la douche quelques minutes, en chantant à tue-tête, mais je ne me lave pas. Je veux garder sur moi l'odeur acide de ma sueur, mêlée aux senteurs boisées et bucoliques des escapades de la journée. Cependant, je ne gagne pas souvent face à l'inspection scrupuleuse du général Chiffon.

Maman ne me demande jamais de l'aide dans sa guerre ménagère. Je crois qu'elle pense que je suis un très mauvais soldat !

Pour m'endormir le soir, je choisis un chiffon douillet que je frotte sous mon nez. C'est mon doudou, maman le repasse avant mon coucher car j'aime cette chaleur apaisante.

Parmi les armes du général Chiffon, j'en sélectionne une qui signe la paix de mon sommeil.

La baignoire

Mon grand frère Thierry représente ce qu'il y a de plus important au monde ! Ma sœur et moi sommes, par choix, ses esclaves. À aucun moment, il ne nous a menacées ni contraintes. Au contraire, il est d'une gentillesse incommensurable. L'acceptation de ce statut d'esclave est absolument délibérée.

Thierry n'a aucunement conscience de son état de maître suprême. Notre soumission pour lui est absolument normale. Nous sommes les petites sœurs donc, immanquablement, les corvées nous sont destinées.

Notre salle de bain très restreinte possède une baignoire sabot rutilante, logée sous une petite fenêtre, dans laquelle nous prenons également la douche. Mes parents ont choisi un joli carrelage rose poudré. Nous faisons notre toilette dans le lavabo matin et soir. Le rituel de la douche est réservé au samedi. Maman sonne l'alerte de sa voix de clairon si nous dépassons le temps imparti.

L'économie d'eau, ainsi que de tout d'ailleurs, est de mise chez nous. Sans pour autant ne jamais manquer de rien, nous sommes surveillés quant à l'utilisation optimisée de l'eau, du chauffage, du dentifrice et autres fournitures du quotidien.

Chaque week-end, Thierry aime prendre un bain. La cérémonie de la salle d'eau commence par le nettoyage de la baignoire. Michèle a en charge de décrasser une baignoire, pourtant impeccable, à l'aide d'une éponge et d'une tonne de Vim. Cette poudre s'étale comme un plâtre sur toute la surface blanche. Le rinçage abondant vient difficilement à bout de cet emplâtre désinfectant. Enfin, à moi la finition ! Je dois reprendre une éponge, remettre une tonne de Vim, refrotter allègrement la baignoire afin d'éliminer de possibles résidus de saleté. Bien entendu, l'œil inquisiteur de Thierry contrôle sans cesse nos actions.

Ensuite, nous devons libérer le lieu sacré, afin que notre prince puisse se relaxer tranquillement. Nous attendons sa sortie, lui proposant alors un jus de fruits ou une boisson à sa convenance. Inutile de rajouter que le jus de fruits est pressé-maison par nos mains, assujetties et innocentes.

Nos corvées ne s'arrêtent pas au nettoyage de la baignoire. Chaque soir, son lit pliant est installé par mes soins. Thierry dort dans une pièce qui sert de bureau. Sa couche princière demande une manipulation biquotidienne afin de laisser suffisamment de place dans la pièce en dehors des nuits. Cette opération demande de la précaution car le système de pliage est assez sommaire.

Une fois replié, le lit devient un énorme fauteuil une place. Il est de couleur brun clair, en simili cuir, et trône devant un bureau qui ne sert à personne.

Ce rituel nous ravit, ma sœur et moi. Nous occuper de notre frère est une vraie fête.

Lorsque, bien plus tard, nous évoquerons ces souvenirs, Thierry assurera que nous inventons ces histoires et, qu'à aucun moment, nous n'avons eu l'honneur suprême d'être les esclaves de notre vénéré frère !

Salam, où sont les jonquilles ?

Je suis allé voir, dans le catalogue Vilmorin gratuit, à quoi ressemble une jonquille. Cette fleur d'un jaune soleil éclaire les jardins, ici dans le quartier c'est très peu lumineux.

Les baraques aux toits de tôle se collent les unes aux autres. Les ruelles de terre battue sont encombrées de détritus, les poubelles, ici, ne sont pas ramassées. Mon père les transporte dans les sacoches de sa mobylette bleue jusqu'à la décharge située à plusieurs kilomètres de chez nous. Nous avons de l'électricité depuis peu, les fils se promènent de l'une à l'autre des habitations, en une guirlande de câbles entremêlés. Certaines baraques sont en briques. La nôtre, c'est papa qui l'a construite avec des matériaux récupérés sur des chantiers. Chez Emmaüs, association de revente d'objets et vêtements d'occasion fondée par l'abbé Pierre, maman a trouvé quelques meubles.

Plusieurs matelas à même le sol nous servent de couchage, nous sommes avec les parents. Maman nous emmène souvent à la piscine d'à côté, c'est pas cher et nous pouvons utiliser les douches. Nous en profitons aussi pour laver nos sous-vêtements, c'est pratique.

Maman ne parle pas français, papa à peine. Pour les papiers, c'est Yassin, mon grand frère, qui s'en occupe. Tout semble compliqué pour mes parents.

Cependant, le médecin vient gratuitement chez nous, heureusement car Fatima en a besoin tout le temps. Il est gentil, ce docteur, il apporte toujours des bonbons. Hier, il a appelé l'ambulance car Fatima devait aller à l'hôpital.

Sur mon cahier, j'ai dessiné des jonquilles pour les offrir à maman. Elle est si triste en ce moment ! Papa ne dit rien. Ni triste ni joyeux, il a toujours le même visage impassible. Il nous répète sans cesse de ne pas nous faire remarquer, d'être discrets, d'apprendre le français pour bien nous intégrer. Moi je suis né en France, je parle très bien, mes grands frères parlent encore souvent l'arabe, mais ils se débrouillent bien à l'école.

Sauf Toufik qui traîne avec une bande de voyous. Ça inquiète beaucoup mes parents. Par contre, il apporte souvent de l'argent, ou des cadeaux inutiles comme trois radios ou cinq grille-pain ! Papa se fâche contre lui, dit que la police va nous expulser, que nous devrons rentrer en Algérie s'il continue et que là-bas, ce serait la honte de revenir sans argent ! Toufik le rassure et explique que c'est légal, qu'il fait un peu de commerce, et que grâce à cela on a plus d'argent. C'est pas faux, Toufik m'a acheté une veste pour l'hiver, je suis trop heureux.

Je me demande quand Fatima va revenir !

Les sacoches de la mobylette bleue
Yo, 4 ans

La colère de Jeanne, ma maman, ne cesse de croître. Michèle et moi ne comprenons pas !

Marcel notre père, rend visite à sa mère et sa sœur, Diane, chaque vendredi après son travail. Il est assistant de bureau à la Société Alsacienne de constructions mécaniques à Mulhouse, la SACM.

En général, il rentre vers 17heures 30, sauf le jeudi où il quitte son travail un peu plus tôt, comme bon nombre d'employés de tout le territoire français, pour suivre sur le petit écran l'épisode tant attendu de Zorro, « le cavalier noir qui surgit hors de la nuit pour courir vers l'aventure au galop. »

Le vendredi est jour d'escapade pour Marcel. Le bruit de sa monture pétaradante nous alerte de sa venue. Michèle et moi courons l'accueillir dans la descente de garage et, joyeusement, nous l'accompagnons.

Nos pas dans la cave soulèvent la poussière du sol terreux. Nous sautons autour de Marcel, ravies de le voir et surtout curieuses des trésors cachés dans les sacoches de sa mobylette Peugeot bleu clair.

Il rit de notre impatience, heureux de la bienvenue que nous lui offrons.

La maman de Marcel, ainsi que sa sœur Diane, ne sont pas très proches de Jeanne. Elle vient de la cité des mines de potasse, à Richwiller, où son père a travaillé toute sa vie. Sa meilleure amie Sophie est polonaise. D'ailleurs, la cité comporte une communauté énorme d'émigrés de ce pays. Ils sont ouvriers des mines. Jeanne parle le polonais à force de côtoyer cette collectivité.

La famille de mon père possède un arbre généalogique depuis 1425. Seuls les nobles étaient inscrits dans les registres à cette époque. Les armoiries pompeuses, d'or à l'ancre de sable, sont encadrées dans le salon de ma grand-mère.

J'adore le nom inscrit sur leur sonnette : « Aquilas Galop de Froissard ».

Leur maisonnette, si petite, ne garde pourtant rien d'un passé aristocratique. Les douze enfants et leurs parents qui vivent là, entassés, affichent la déchéance d'un passé glorieux.

Il règne cependant une ambiance ampoulée autour de ma grand-mère, que l'on appelle mémère. Elle se tient très droite et, du haut de sa toute petite taille, s'épanouit la splendeur de son autorité.

Tel un chef d'orchestre, elle assène des ordres à sa cour, composée de ses enfants et petits-enfants.

Lorsque je lui rends visite, je suis toujours très mal à l'aise, engoncée dans ce climat rigide.

Elle vit avec sa fille Laurette qui n'a jamais quitté la maison.

Est-ce cette noblesse disparue face au statut d'ouvrier qui a provoqué la discorde entre Jeanne et la famille de mon père ?

En tout cas, cette mésentente existe, malgré les nombreux efforts de Jeanne pour tenter de la gommer.

Marcel rentre donc les vendredis soir, après ses visites familiales. Il rapporte dans ses sacoches des gâteaux ou des bananes offerts par sa maman. Voilà pourquoi nous sommes si impatientes de son retour.

Nous plongeons nos mains dans ces cabas prometteurs, cherchant avec joie les délices espérés. Je trouve les miettes de gâteaux au fond d'un sachet presque vide, et mouille mon index pour attraper avec gourmandise ce qu'il reste du paquet.

Ma sœur découvre des bananes noires de peau, très certainement immangeables pour la noblesse mais suffisamment comestibles pour les enfants d'ouvriers.

Jeanne nous suit, courroucée, et jette furieusement cette aumône au compost.

Michèle et moi ne comprenons pas : pourquoi nous priver de ces friandises, si généreusement offertes ?

Une glace à la vanille
Yo, 5 ans

Tonton Pierrot est l'astre brillant de la famille de mon père. Sa tante Émilie lui a confié une boutique de linoléum dans les années soixante-dix. Mon père y a été peu de temps employé. Tante Christine, confondant la caisse avec son porte-monnaie, a mené l'entreprise à la faillite. Marcel a dû trouver un autre travail et la SACM l'a accueilli, en ces années fastes.

Pierrot connaît tant de monde qu'il est entouré de personnes que je ne rencontre jamais deux fois de suite. Lorsqu'avec ma mère nous passons au magasin pour le saluer, il me paraît immense malgré son mètre soixante-dix. Sa prestance, son aisance, sa voix conjuguent un personnage plus que parfait.

J'écoute sans rien comprendre les conversations de ces adultes importants, au regard de la simplicité de mes parents. Je suis impressionnée par ce monde du commerce où tout semble facile et accessible, comme acheter une glace à la vanille.

Un homme imposant me saisit la main, trouvant dans mon minois un air coquin, puisqu'il me dit : « Tu es une jolie petite coquine, toi !

Viens avec moi, je vais acheter une glace. »

La main gigantesque me guide jusqu'au magasin du coin et l'homme me tend la glace. Je ne comprends pas qu'elle est pour moi puisqu'il ne l'a pas précisé. Pensant lui rendre service, je tiens le cornet glacé consciencieusement, sans le goûter. La crème doucement coule sur mes doigts et, dans un inconfort grandissant, je tente de paraître sereine : cet homme va-t-il enfin reprendre sa glace ?

Les adultes ont relancé de plus belle leur conversation si importante, et personne ne se soucie de mes doigts poisseux et englués.

Je n'ose interrompre les échanges verbaux de ces grandes personnes. D'ailleurs, la voix de mes cinq ans ne porte pas suffisamment pour couvrir leur brouhaha. Je me dis que la glace de ce monsieur n'a plus beaucoup d'attrait pour lui et que, certainement, son appétit sucré a viré avec l'envie de la bière qu'il sirote à présent.

Je broie le cornet afin de retarder la fonte inexorable de la glace. Ma mère voit enfin le carnage et les taches sucrées sur la manche de mon pull.

« Pourquoi tu n'as pas mangé ta glace ? »

Je comprends enfin qu'elle m'est destinée et, confuse, je lèche mes doigts afin de me régaler du dessert pour lequel je bave.

Depuis vingt interminables minutes…

Leïla
Yo, 5 ans

Elle m'intrigue par ses allures mauresques, si lointaines de mes origines alsaciennes. Ses cheveux noirs épais et frisés sont indomptables. Nous sommes assises l'une à côté de l'autre sur le banc de la maternelle.

Les après-midis, tous les enfants doivent faire la sieste sur des tapis matelassés posés au sol. D'épais rideaux noirs obstruent la lumière du jour.

Leïla et moi, nous nous tenons la main dans une complicité chuchotée pour nous endormir au même rythme.

Notre amitié enfantine grandit chaque jour. Je découvre sans voyager des horizons racontés par Leïla, son pays devient le mien, l'Algérie m'ouvre ses portes.

Nos bavardages provoquent la colère de notre maîtresse rigide. Leïla me fait miroiter un monde différent du mien, elle m'enseigne la diversité.

Les punitions répétées m'importent peu, le clan YoLeïl est fondé.

Mes parents ne souhaitent pas que j'invite des amies à la maison, hormis Anne, la fille de l'instituteur qui habite à deux pas.

Pour Leïla, il en est de même : personne ne doit venir chez elle.

Cependant, un jour après la classe, elle me propose de l'accompagner. Je vais rencontrer ses parents et faire connaissance avec son univers.

Elle habite à deux kilomètres de l'école et nous marchons d'un pas rapide.

Je pénètre dans sa maisonnette, rencontre ses frères et sœurs, et sa maman.

En deux secondes, mon voyage algérien devient réalité. Je découvre les sonorités de la langue arabe, les couleurs vives de la djellaba portée par la maman de Leïla, l'odeur épicée d'un repas qui mijote.

Un joyeux brouhaha anime la cabane, car c'en est bien une, au milieu du bidonville des Jonquilles. Ce quartier précaire est habité essentiellement par des familles arabes.

Leïla me dit qu'aucun alsacien n'y a mis les pieds, à part moi. C'est un cadeau inoubliable.

Je retourne souvent chez ma nouvelle amie, sa mère nous sert du café au lait avec une tartine pour le goûter. Nous nous régalons, affamées par notre journée d'écolière.

Je rentre seule chez moi, à la limite du jour qui s'éteint. Ma maison minuscule me paraît immense, comparée à celle de Leïla. Je pense au lendemain, avec la hâte au ventre de goûter à nouveau aux tartines trempées dans du café au lait.

L'année suivante, celle du cours préparatoire, Leïla ne revient pas à l'école.

Je ne sais pas ce qu'elle est devenue, mais je repense souvent à notre amitié joyeuse.

Miky
Yo, 5 ans

Papa a construit une niche à sa mesure. Pas question qu'une boule de poils salisse la maison, Miky vivra dehors, dans la sienne. Ce magnifique bâtard beige clair, bouclé comme moi, nous a été offert par nos voisins italiens dont la chienne a mis bas. Elle se prénomme Circule, prénom mieux adapté à Miky qui ne pense qu'à s'évader. Je le comprends : être attaché toute la journée près de sa niche est une véritable vie de chien !

Miky est nourri uniquement des restes de nos repas, comme tous les chiens à l'époque. Un budget croquettes est aussi inimaginable que de jeter de l'argent dans une fosse septique.

Auparavant, ma sœur a eu un gros chat tigré, qui a trouvé le lit de Michèle confortable. Mon père l'a chassé sans hésiter lorsqu'il a surpris la bête couchée sur les petits poumons de sa fille.

C'est la première fois que nous adoptons un chien, certainement pour rendre service à notre voisin. Maman préfère les chats, mais l'expérience du matou dangereux l'a convaincue de renoncer aux petits félins.

Comme tous les enfants, lorsque Miky entre dans ma vie, c'est la fête. Je promets de m'en occuper, de le promener, de le brosser tous les jours. Je ne le fais qu'une seule fois. J'ai des circonstances atténuantes, je suis trop occupée. Et un évènement bizarre se produit lors de ma première promenade avec Miky dans le quartier.

Toute fière, j'attache Miky à sa laisse, et malgré les bonds qu'il fait dans tous les sens, exprimant sa joie démesurée, je réussis à l'amener hors du jardin. Il fait très beau, la rue est animée des conversations entre voisins. Les enfants jouent sous le soleil caressant, c'est le moment idéal pour promener mon nouveau compagnon et le présenter à tout le monde.

Miky est très agité, il est difficile de parader, mon but est plutôt de réussir à le faire avancer dans la direction que j'ai choisie. Je tire comme une forcenée, étouffant à moitié l'animal. Il freine de toutes ses forces, ses pattes tendues, son derrière raclant l'asphalte. Et il grogne à tout va sa colère contre moi.

Je sens le poids lourd des regards désapprobateurs et indignés. Comment me sortir de ce pétrin ? La scène dure une éternité. Je décide de rentrer et pars dans l'autre sens, pensant que Miky récalcitrant serait content. Il continue de freiner, aboyer, grogner, malgré mes menaces.

Décidément, un vrai chien est bien plus compliqué qu'une peluche !

Le quartier entier est spectateur de ma situation. J'ai envie de disparaître sous terre. Je tire et tire encore Miky, il tire et tire toujours en sens contraire.

Comme il est petit, j'essaie de l'attraper pour le porter jusqu'à chez nous. Il se débat, les pattes s'agitent dans tous les sens, cherchant à mordre mes bras.

Je le lâche immédiatement, dépassée et dépitée, je ne sais plus comment faire. Les spectateurs sont toujours présents.

Je continue ma lutte, prête à rendre les armes et à lâcher le chien, au risque qu'il ne s'évade. Cela impliquerait des heures de recherche mais, à bout de patience, je vais prendre le risque.

Tout à coup, Miky se jette sur le flan. Il se raidit, et son corps tout entier s'agite. Il n'aboie plus mais, de sa gueule, jaillit de la mousse blanche. Effrayée je cherche de l'aide autour de moi. Que puis-je faire ? Que se passe-t-il ? Je suis complètement perdue, désemparée. Est-ce que j'ai tué Miky à force de tirer sur sa laisse ? Cela dure plusieurs secondes qui me paraissent des heures.

Lorsqu'il se calme enfin, je porte mon chien jusqu'à sa niche. Maman me console, je pleure à chaudes larmes, plus de honte que de peur.

Curieusement, dans le quartier devenu désert, les voisins ont disparu, pensant que le spectacle n'en valait plus la peine.

La maison des Perreux
Yo, 5 ans

Pour me rendre chaque jour à l'école primaire, je dois passer par la rue du Canal. Aucun canal à l'horizon d'ailleurs, cette rue usurpe son appellation. Est-ce un pseudonyme ? Un choix du metteur en scène pour le film d'action qui va s'y dérouler ?

Aucun acteur, aucun scénariste, n'aurait imaginé que la rue du Canal de Modenheim serait le décor d'une scène d'horreur. À deux cents mètres de ma maison habite la famille Perreux.

Monsieur Perreux est propriétaire d'un garage à Mulhouse. Il possède une des plus jolies maisons de sa rue. Elle est en retrait de l'allée, une longue pente douce mène au sous-sol. La demeure blanche et moderne s'élève fièrement dans un jardin fleuri. On aperçoit uniquement la façade, un espace arboré dissimule élégamment le reste du logis.

Quatre fois par jour, je passe devant cet endroit féérique. Je ne peux m'empêcher d'allonger le cou, espérant apercevoir l'un des habitants. Je n'en vois jamais aucun, mais j'imagine une famille idéale.

La mère habillée de vêtements coûteux, le père distingué, les enfants bien peignés et jouant sagement…

Cet anonymat intriguant anime mon imagination. La maison ravissante semble inoccupée et pourtant très bien entretenue. Les massifs de fleurs sont taillés, les allées sans mauvaises herbes, les volets ouverts chaque jour prouvent que cette famille y vit bien.

Dans ma rue, tous les enfants du quartier jouent ensemble. Le jeu de « la balle aux prisonniers » nous fait courir jusqu'à nous asphyxier.

Dans les jardins traînent des jouets, des bicyclettes, des ballons. Alors que dans cette maison, tout est figé.

« Mulhouse, 14 décembre 1965, triple crime à Modenheim dont ont été victimes, dans la nuit de samedi à dimanche, un garagiste mulhousien, Paul Perreux, quarante-cinq ans, sa femme Juliette, trente-huit ans, et leur fils, Alain, quinze ans. Ce crime semble revêtir le caractère d'un règlement de comptes. »

Les principaux titres des journaux annoncent l'horreur du crime de la rue du canal. À quelques pas de chez nous, un triple meurtre a été commis. C'est hallucinant, incroyable ! Notre paisible quartier, théâtre de l'épouvante !

Lorsque j'apprends la nouvelle, je suis terrifiée de comprendre que la réalité peut se révéler plus sordide qu'un scénario de film.

Obligée de passer devant la maison pour retourner à l'école, je prends le trottoir d'en face. J'accélère mon pas, je détourne le regard. La peur au ventre, j'imagine la jolie famille baignant dans son sang. La maison idéale, le jardin parfait, les habitants discrets dissimulent un univers de mafia.

La police découvre, sur la table du salon, une épaisse liasse de billets. Plusieurs verres d'alcool prouvent que les assassins connaissaient monsieur Perreux. Rien n'a été volé.

Apparemment, l'exécution a été programmée.

Les meurtriers ont tué également la femme et l'adolescent qui, selon l'enquête, avaient annulé une sortie au dernier moment.

Cela leur a été fatal.

Quelques mois plus tard, une nouvelle élève arrive dans ma classe. Je lui demande où elle habite :

« 5 rue du Canal. » Décontenancée, je reste sans voix.

Je n'ai jamais su si elle était au courant de ce qu'il s'y était passé.

Moi, je ne lui ai jamais raconté.

Salam, force de l'ordre en désordre

La police débarque chez nous. Je suis plus impressionné que terrifié. Ils sont douze, j'ai le temps de les compter car ils restent plus d'une heure à fouiller dans nos affaires. Je me jette sur mon cahier pour le protéger de leurs assauts. Avec brutalité, les policiers retournent tous les meubles, les matelas, ils vident tous les placards. Que cherchent-ils ?

Maman, en chemise de nuit, noue rapidement un foulard sur sa chevelure en désordre. Papa en pyjama, stupéfait, tétanisé, écarquille ses yeux noirs tandis que sa bouche en arc dessine son désespoir muet.

Heureusement que Fatima n'est pas là, elle aurait eu très peur.

Les agents ne trouvent rien, repartent sans rien ranger, maman pose ses mains sur sa tête, horrifiée, désespérée de voir sa petite tanière explosée de désordre. « Qu'est-ce qu'ils cherchaient ? » « Toufik, qu'est-ce que tu as encore fait ? » Papa, dans une colère folle, frappe la tête de mon frère qui jure n'avoir rien commis d'illégal. Il ne comprend pas ce qui se passe.

Les policiers continuent leur recherche dans tout le quartier des Jonquilles. Les familles se regroupent dans la rue étroite, des cris de femmes résonnent, des enfants pleurent. D'autres hommes envahissent les cabanes, des objets volent par les fenêtres. « Sales Arabes, retournez chez vous ! » Des insultes fusent, ma colère monte, j'ai envie de cogner et de crier à mon tour, mon père pose son bras sur moi, par son regard je comprends qu'il faut se taire, rester discret.

Mon ventre bouillonne de contradictions, l'injustice et la haine me rendent malade. Je cours me réfugier dans les toilettes, mes intestins crachent toute cette colère engrangée en moi.

Le quartier redevient calme, les femmes commencent à ramasser tout ce qui a été jeté sans scrupule par les forces de l'ordre. Quel paradoxe, les forces du désordre plutôt !

Dans les rumeurs qui circulent entre voisins, nous comprenons qu'un meurtre a été commis à quelques kilomètres de chez nous. La famille Perreux a été abattue la veille, évidemment la logique veut que la police recherche des indices dans le bidonville.

Papa nous raconte que les hostilités entre le FLN et la France, dans les années 1960, ont été tragiques. Tout le monde avait peur, les maisons étaient fouillées comme ce matin. L'angoisse au ventre, les habitants d'Alger vivaient un enfer. Papa a l'impression que ces évènements se répètent.

Après toutes ces années de travail en France le cauchemar recommencerait-il ? Il a tout fait pour trouver une sécurité pour sa famille. Il a quitté sa ville, ses parents âgés, ses amis. Il subit chaque jour le racisme des Français. Tout cela il l'accepte, pour nourrir sa famille.

Je suis triste de voir mon père si affecté. Je lui prends la main et lui dis : « T'inquiète pas, je vais ranger tout ça avec maman ! » Il me sourit et se prépare pour aller travailler à Peugeot.

Lorsqu'il rentre le soir, tout est à sa place. Nous ne parlons plus jamais de ce qui s'est passé. Papa a une nouvelle fois revêtu son costume d'humilité.

Ma colère cependant reste indigeste, elle sommeille en moi.

Je sais qu'un jour je n'arriverai plus à la contenir.

Où es-tu maman ?
Yo, 6 ans

Cette fois, à la sortie de l'école, je me précipite chez moi. Je n'ai qu'une hâte, revoir maman.

Mon parrain Marc courtise la religion protestante avec dévotion. Son épouse Jeanine, la sœur de mon père, semble recroquevillée dans ses vêtements aux teintes d'un soir de pluie.

Ce couple charitable, chaque dimanche, vient déjeuner chez mes parents. Ma mère confectionne des blanquettes, des choucroutes et de délicieux desserts aux fruits.

Ces déjeuners sont joyeux et Marc nous raconte la bible. Plus les dimanches passent, plus je me rapproche de Jésus. Un guide si amical, raconté avec ferveur, est une aubaine pour moi. Je trouve dans les évangiles la force céleste qui donne du sens à ma vie. Je crois tout ce que dit mon parrain, je sais que prier sera la réponse positive de Dieu à mes angoisses enfantines.

Je cours donc rejoindre notre maison pour me réfugier dans les bras de maman. Une fièvre dévorante envahit mon corps prêt à s'effondrer.

C'est ma sœur qui m'accueille, ma mère étant absente. Je commence alors une prière aussi ardente que ma fièvre, demandant à Jésus de ramener maman, à mes yeux seul remède à ma souffrance.

Je prie sans m'interrompre, mes larmes attestent de la force de ma foi, ma fièvre engourdit la litanie adressée à Jésus. Sans accepter la consolation de ma sœur, je veux ma maman.

Deux heures durant, épuisée, je me persuade que, puisque je suis une enfant gentille, Jésus m'écoutera.

Au bout de trois heures, je commence à douter de ma foi, ma toux grandissante et mes poumons douloureux me rappellent de plus en plus que les voies célestes ne connaissent rien de la souffrance sur terre.

Lorsque maman arrive enfin quatre heures plus tard, je sais que ses bras ont davantage de pouvoir qu'un dieu imaginaire.

Les dimanches suivants, passés avec mon parrain, ne m'impressionnent plus. Lorsqu'il parle des évangiles je l'écoute souriante, étonnée par sa crédulité, à un âge si avancé.

Dès lors, un sentiment étrange, ou plutôt une sensation singulière s'installe dans ma tête. Je porte un regard condescendant sur mon parrain et son épouse. Mais cela ne s'arrête pas à eux seuls. Toute ma famille, mes parents, mon frère et ma sœur, me semble immature.

Je deviens l'adulte, la seule personne à ne pas être dupe, la seule à être « vieille ».

Voilà, c'est cela, je me sens vieille dans mon corps de petite fille.

Je suis emprisonnée.

Dents de lait
Yo, 6 ans

Pierrot, le frère de Marcel, mon père, a fière allure. De taille moyenne, il semble pourtant grand tant son assurance est accomplie. Ses cheveux châtains, ondulés, sont coiffés d'une raie de côté. Il a des yeux bleus magnifiques et arbore toujours une mine espiègle. Il semble savoir tant de choses, cela lui confère un respect immense, et provoque en nous, ses neveux, une sensation d'infériorité, qu'il apprécie visiblement.

Avant d'être directeur de la patinoire de Mulhouse, il gérait un magasin de moquette et de linoléum. J'y allais parfois avec mes parents, j'aimais découvrir les couleurs des rouleaux exposés dans les rayons. Christine, son épouse, travaillait avec lui. Mon père, lui, était engagé comme poseur-vendeur.

Les envies coûteuses de Madame ont provoqué la faillite du magasin au bout de quelques années.

C'est en tous cas ce qu'affirme Marcel.

C'est à ce moment-là que l'opportunité de la direction de la patinoire s'est présentée à lui.

Pierrot adore les voitures. Lorsqu'il arrive dans notre quartier au volant de sa R16, il parade, le bras nonchalamment posé sur la vitre latérale ouverte, paré d'une montre ostentatoire.

Pierrot aime plaisanter, il raconte d'une voix forte des histoires drôles, appréciant d'être un boute-en-train. Je ne comprends pas souvent ses blagues, je crois qu'elles sont réservées aux adultes. Cela n'affecte pas l'élégance de son allure, il est toujours vêtu de costumes luxueux.

Diane, la sœur de papa, et Pierrot louent un jardin à l'année, dans la campagne mulhousienne. Nous y passons des dimanches en famille. Un coffre de Dauphine a été transformé en cuisinière, je trouve cela rigolo. Chaque convive apporte de quoi déjeuner, c'est maman qui mijote les meilleurs plats. Avec mes cousines, nous allons faire de longues promenades alentour. L'été torride dégage des odeurs de crottin de cheval. Bien que le zoo de Mulhouse soit proche, nous ne l'avons jamais visité. J'imagine les bêtes féroces dans leurs cages, je rêve d'aller les narguer, en toute sécurité.

Un dimanche, au retour d'une promenade, nous rejoignons les adultes restés au jardin. L'odeur du café embaume, les pâtisseries sont joliment présentées sur la table. Les gâteaux appétissants stimulent ma fringale. D'un grand sourire, je réclame un morceau de tarte à ma mère.

Pierrot s'exclame : « Mais dis donc, tu as de jolies dents de lait toi ! »

Fière d'avoir suscité l'intérêt de mon oncle, je souris davantage encore.

« C'est vraiment dommage car quand on a de jolies dents de lait, ensuite les dents définitives sont de travers. »

D'un coup, mon enthousiasme s'éteint.

La phrase couperet casse net mon appétit, je décline la part de gâteau tant convoitée.

Je regarde, implorante, mon oncle Jean-Paul, le dentiste, attendant qu'il intervienne et démente cet avenir pour mes dents. Rien, silence, mutisme.

Deux secondes plus tard, Pierrot raconte une de ses blagues, tout le monde rit et je m'enfuis cacher mon angoisse.

Quelques années plus tard, j'affiche les plus belles dents de la famille. Chaque fois que je vois Pierrot, j'éclate exagérément de rire afin qu'il puisse admirer les chicots qu'il m'a prédits. Lorsque je sais qu'il vient, je chipe un peu de rouge à lèvres à maman, afin d'accentuer la blancheur de ma dentition.

Lors de mon premier rendez-vous chez mon oncle pour un contrôle dentaire, aucune carie n'altère l'éclat de mon sourire.

Pierrot ne me fait plus jamais de compliments, mais je sais que mon sourire l'a fait mentir !

Les bouteilles consignées
Yo, 6 ans

Madame Heldel n'a pas d'âge. Elle habite avec son mari et son fils, une maison identique à la nôtre. D'ailleurs, l'ensemble du quartier est construit de la même manière : des maisons jumelées, avec un jardinet devant et quelques ares de terrain à l'arrière. Tous nos voisins cultivent des légumes.

Mon père excelle dans ce domaine. Je me régale de groseilles, de framboises, de pêches blanches et de tomates savoureuses.

Plusieurs fois par semaine, je vais sonner chez cette voisine. « Bonjour, je vous fais des courses aujourd'hui ? » Madame Heldel ouvre lentement sa porte.

Plus tard, je ne me souviendrai pas de son visage, en dehors du contexte de sa maison. Elle est si insignifiante que ma mémoire effacera ses traits.

De petite taille, frêle, son corps est voûté par le poids des années. Quel âge peut-elle avoir ? Du haut de mon enfance, elle semble aussi vieille que la nuit des temps.

Elle fixe toujours le sol. Je ne l'ai jamais vue marcher plus de trois pas. Une fois la porte ouverte, elle s'agrippe au chambranle, cherchant un équilibre qu'elle trouve rarement.

Je croise parfois son fils dans le jardin. Il me fait peur, il ne sourit jamais, ne parle pas. Comme pour sa maman je n'arrive pas à lui donner d'âge. Ses épaules voûtées semblent se protéger constamment de coups éventuels. Il est toujours habillé de noir, porte des lunettes de soleil et se guide de sa canne blanche.

Madame Heldel a la même allure que son fils. L'alcool aidant, elle partage avec lui la recherche d'un équilibre, la perte de la vision, l'engourdissement du corps. Du fond de sa gorge d'éthylique, quelques mots hésitants prononcent éternellement un : « Oui, va m'acheter du vin à la Coopé. »

Un sac avec des bouteilles vides est toujours prêt, je le ramasse et file remplir ma tâche de coursier.

La petite supérette se trouve à deux rues de chez nous. La gérante est connue de tout le quartier. Elle a des yeux tristes de cocker, un visage très pâle et des cheveux blond filasse.

Je ne comprends pas qu'on puisse sembler si malheureuse avec, à sa portée, un stand énorme de bonbons. Une odeur de charcuterie mêlée à celle de fruits trop mûrs exhale dans tout le magasin. Si je viens assez tôt, l'arôme des petits pains prend le dessus. Pour moi, cette épicerie est une véritable caverne d'Ali Baba, regorgeant de trésors comestibles et si tentants. Je pense que la gérante est très riche, c'est évident devant tant de victuailles !

J'achète donc les bouteilles commandées. La mélodie joyeuse de leur cliquetis au rythme de mes pas accompagne mon trajet. De mes deux bras maigrichons, je hisse ce fardeau vineux, peinant mais motivée par ma future récompense.

Les passants qui me croisent ont tous un regard condescendant, une fillette portant de la vinasse, quelle honte !

Lorsque j'arrive au bout de ma course, j'attends parfois longtemps que la voisine ouvre sa porte. Peut-être dort-elle ? Navigue-t-elle dans un océan d'alcool ?

Je patiente sagement, résolue à toucher mon petit salaire. Parfois, ma récompense s'élève à quelques centimes. Les jours fastes, madame Heldel m'offre six bouteilles de vin vides consignées.

Je retourne aussitôt à la Coopé m'acheter des bonbons.

Salam, le béton de papier

J'ai apporté des craies de toutes les couleurs pour dessiner sur les murs du bloc en chantier.

J'ai pas vu Yo depuis longtemps et je n'ai plus de cahier. J'ai du rouge, du blanc, du vert. Je les ai ramassés dans la poubelle de ma classe, j'ai profité de la récré pour fouiller et récupérer les bâtonnets de couleur. François m'a vu, il est allé immédiatement cafter chez le maître. J'ai eu une punition car j'ai pas demandé la permission, mais j'ai pu garder mon butin.

À force de punitions, je suis devenu un champion en calcul. Je connais toutes mes tables de multiplication, ça me sert aussi quand je vais au marché avec maman. Comme elle ne parle pas français, je paie les courses. Je fais très attention à la monnaie que les marchands me rendent. Je suis très fort en soustractions et en additions. Faut dire qu'un franc est un franc. Les centimes aussi ont leur importance. Parfois, maman me laisse un peu de monnaie pour m'acheter un bonbon, je préfère économiser pour me payer des couleurs, mais je ne lui dis pas. J'ai plus envie qu'elle me gronde parce que j'aime dessiner.

J'aime bien les murs en béton. Le gris fait bien ressortir les couleurs. Je trace uniquement les formes, mes craies sont minuscules, elles ne suffisent pas pour remplir de couleur les robes et les jupes que je dessine grandeur nature. C'est pratique de dessiner sur les murs, y' a une place immense et ça me permet d'imaginer l'allure de mes vêtements en taille réelle. Sur les cahiers quadrillés, j'ai toujours l'impression que les tissus représentent un échiquier, je préfère l'uni. Ça allonge les silhouettes.

Ce qui me plairait ça serait de coudre les vêtements que j'imagine. J'ai pas de tissu, j'ai pas de machine à coudre. Mon père me tuerait s'il me voyait fabriquer des robes, c'est pas un truc de garçon, seules les femmes ont le droit de s'amuser à ça. C'est vraiment dommage. Moi j'ai plein d'idées !

Ce matin quand je suis arrivé sur le chantier, mon croquis était à moitié effacé. En grosses lettres rouges, il y avait écrit « Salam tapette ». Faudra que je demande à mes frères ce que ça veut dire mais je crois que c'est une insulte.

Je vais aller dans le quartier de Yo voir si je la trouve. Finalement le cahier quadrillé c'est plus pratique !

Photo de classe
Yo, 7 ans

Le sac d'école ramassé à la hâte, au même endroit où il a atterri la veille, je me dirige vers la maison de ma voisine. Suzanne n'est jamais prête lorsque je sonne chez elle pour aller ensemble à l'école.

Il faut dire que j'ai toujours un quart d'heure d'avance. Elle laisse la porte ouverte pour me faire patienter, une odeur violente de saleté se dégage de l'entrée.

Jamais je ne suis invitée à pénétrer dans cette maison. La mère veuve, les nombreux enfants, tous puent le rance et les vêtements sales. Je tords mon cou pour comprendre leur manière de vivre ; chez nous, ma mère nettoie sans relâche tous les recoins de notre maison.

Je suis à la fois empreinte de dégoût et de curiosité. Que se cache-t-il dans cet antre nauséabond ? Les habitants sont-ils libres, séquestrés ? La nourriture jonche-t-elle le sol ? Les excréments restent-ils dans des pots de chambre ?

Tout ce qu'il se passe derrière les murs de la maison-poubelle est pour moi un fascinant mystère.

Avant d'entrer chez nous, moi, mon frère et ma sœur passons un contrôle sanitaire : « Lave-toi les mains, le visage, retire tes chaussures, mange sur la table, brosse-toi les dents, lave-toi les cheveux… »

Notre maison est rigoureusement nettoyée chaque jour, le processus de maman est incontournable. Il n'y a jamais de répit à la chasse aux microbes.

Ce contraste entre la maison de Suzanne et la mienne m'interroge sur les comportements humains. Pourquoi tant de différences d'une maison à l'autre ?

Je comprends une certaine gêne de la part de Suzanne, lorsqu'elle devine le frémissement de mes narines, violentées par tant de remugles. J'affiche alors un large sourire apnéique afin de rassurer mon amie de classe.

Gentiment, Suzanne m'accompagne sur le chemin de l'école. Ses vêtements empestent un brouillamini improbable de senteurs.

La nourriture, le rance, la sueur créent un brassage fétide. Je marche toujours à quelques mètres de distance, inspirant l'air frais afin d'atténuer cette agression malodorante.

Lorsque nous sommes en classe, nos places attribuées d'office par la maîtresse nous ont séparées. J'en suis réjouie et je plains sa camarade de banc.

Chaque année, un photographe vient nous immortaliser. Toute la classe se fige alors en rangs serrés. Le professionnel me place, cette année-là, près de Suzanne.

La seule photo de classe, achetée par mes parents, est celle-ci. Ils sont étonnés par mon visage fermé, moi qui ris toujours à pleines dents. Ils comprennent cependant lorsque je leur explique que Suzanne était assise à mes côtés.

Les photographies scolaires sont très chères. Cet unique cliché noir et blanc, Suzanne souriante et moi figée, pinçant les lèvres, demeure pourtant un souvenir extraordinaire.

Sur le chemin menant à l'école, la patience et la gentillesse de Suzanne apportent le réconfort dont j'ai besoin. Les tortures de mon ventre cruel m'empêchent d'avancer.

Est-ce la peur de la maîtresse, qui va découvrir que je n'ai pas fait mes devoirs ? Est-ce la perspective de l'enfermement dans une classe alors que je rêve de courir dans les rues ? Ma liberté volée, l'entrave des obligations scolaires, le corps figé toute la journée sur une chaise ?

Tous les dix mètres je reste figée de douleur, le corps plié en deux, supportant à peine cette souffrance horrible que m'infligent mes entrailles.

Lorsque j'en parle à maman, elle répond : « Ce n'est rien, j'avais aussi ça, à ton âge. »

Il est à noter que je ne souffre pas durant le chemin du retour.

Les chaussures
Yo, 7 ans

Le cuir solide brun foncé, la semelle épaisse comme pour des chaussures de chantier, les coutures grossières, noires, qui courent sur le côté : voici les chaussures de la société alsacienne de construction mécanique de Mulhouse, la SACM !

Mon père reçoit chaque année une paire en cadeau pour chacun de ses enfants. Pour mon frère Thierry, cela ne pose pas de problème. En revanche, ma sœur et moi, nous nous sentons chaussées de fers à repasser alors que la mode arbore des chaussures fines et vernies.

Dans la cour de l'école, les moqueries vont bon train : « T'as volé les chaussures de ton grand-père ? » « Oh les jolis sabots ! » « T'es un garçon ou une fille ? » Pour moi, l'évidence d'économiser sur le prix des chaussures gomme les insultes. De plus, je suis si bien dans mes godasses !

Je cours, gambade, saute dans la boue, les flaques. Ces chaussures si robustes me donnent des ailes. Inutile d'en prendre soin, elles sont à toute épreuve et, d'un coup de cirage, maman les fait revivre.

Ma tante Christine, un jour de bonté égarée, m'offre une paire de chaussures dont sa fille ne veut plus. Elles sont splendides ! Roses, vernies, délicates, subtiles, féminines. Mes pieds, habitués à des grolles, enfilent ces magnifiques souliers. Et là, telle Cendrillon, je me transforme en petite bourgeoise des beaux quartiers. Lorsque je fais quelques pas, je me sens princesse de la rue d'Ottmarsheim. Les voisins sont mes laquais, les cyclistes mes chevaliers, les piétons, ma garde rapprochée. Je hausse la tête à la hauteur de mon rang, fière d'appartenir à la famille qui règne sur la France !

De roturière, je passe au statut du plus haut grade. Tout mon être se transforme. L'habit ne fait pas le moine mais la ballerine fait l'infante !

Ma démarche se fait altière. Ma supériorité affichée, je marche fièrement dans les rues voisines. Je frappe le sol de mes petits talons afin que l'on me remarque.

« Voyez comme je suis magnifique ! Admirez mes brodequins brillants ! »

Je me balade ainsi pendant une longue heure, prenant le temps de saluer chaque passant, comme un ministre en campagne d'élection. Je suis persuadée que, grâce à mes richelieus, le monde entier me prendra en considération. Je souris de toutes mes dents, certaine du respect que j'anime.

Le lendemain, je pars à l'école toute guillerette. Mes chaussures sont immédiatement remarquées dans la cour. « Tiens, enfin des chaussures de fille ! » « T'es sûre, tu ne les as pas volées ? »

« Attention, tu vas te casser la figure ! »

Lorsque je rentre le soir à la maison, je jette mes vernies roses et saute dans mes chaussures SACM.

Si déjà je dois être moquée, autant être à l'aise dans mes tatanes !

Mémère

Ma grand-mère paternelle se fait appeler mémère. Cette consonance reflète parfaitement sa personnalité. Mémère amère !

La sévérité de son visage est légèrement atténuée par la lumière claire de ses yeux. Elle m'impressionne par sa froideur, ne témoigne jamais la moindre affection. Je reste figée devant elle, attendant avec impatience le moment de partir.

Du haut de son mètre cinquante-cinq, elle dirige sa maison avec l'autorité d'un dictateur. Elle donne ses ordres, sans jamais bouger de sa chaise, je crois que je ne l'ai jamais vue ailleurs que dans son salon.

Mémère a eu dix enfants. Marcel, mon père, est le septième. Ils habitent une maison de cité avec deux chambres à coucher aux lits superposés où s'empilent tous les enfants, comme sur des étagères. Dans le salon, je m'étonne de la place accordée au piano noir, la maison fait à peine soixante mètres carrés. Je n'ai jamais entendu personne en jouer.

Une minuscule cuisine avec un grand évier est logée juste après l'entrée. La salle de bain a été installée vers 1970. Jusque-là, toute la famille se lavait dans le « wasserstein », évier de la cuisine.

Mémère a un grand sens de l'organisation. Tous les matins, les tâches sont attribuées à chaque membre de la famille. Les filles s'occupent de la cuisine, de l'épluchage des légumes, de la cuisson des repas, des courses. Les garçons ont en charge les corvées de charbon, du bois et du jardin. Les aînés surveillent les petits, et toute cette tribu grouille dans les trois étages du foyer.

Lorsque j'arrive devant le pavillon, je reste toujours quelques secondes à admirer le nom gravé sur la boîte à lettres : Aquilas Galop de Froissard. Ce nom si pompeux est un paradoxe face à l'humble maison de mes grands-parents. Je n'ai pas connu Aquilas, hélas !

Nous allons rarement rendre visite à ma grand-mère. Maman, issue d'un milieu ouvrier, dénote dans cette famille bourgeoise.

Même si l'argent manque, les principes perdurent. Marcel aurait dû choisir une femme plus élégante, plus cultivée. Ce fils, riche de sa particule, se mariant avec une fille de la cité, quel gâchis !

Cependant pour mémère, l'essentiel est de trouver des maris dignes de ses filles. À part Laurette qui vit auprès d'elle, ses filles ont épousé, l'une un dentiste, l'autre un commerçant, qui ont été accueillis avec grande considération. Nous, enfants de Jeanne, lui rappelons l'union malheureuse de son fils Marcel. Nous ressentons fortement ce regret.

Nous allons tout de même la saluer mais, pour moi, c'est une corvée. Elle ne nous offre ni à boire ni à manger. Nous sommes là, prenant poliment de ses nouvelles et, notre mission terminée, nous repartons, tranquilles pour quelques mois.

À chacune de nos visites, parfois impromptues, je suis en admiration devant la tenue impeccable de ma grand-mère. Elle porte toujours des cols de dentelle blanche, des vestes élégantes, des jupes en popeline. Elle semble prête pour un dîner chez l'ambassadeur. Ses cheveux sont savamment ondulés. Une pluie de taches brunes inonde son visage. Lorsque je m'ennuie trop, je m'amuse à les compter. J'observe aussi les méandres de ses veines épaisses, courant en désordre sur ses mains. Elles contrastent avec la finesse de la soie de ses chemisiers.

Mon père a un respect immense pour sa mère. Il va la voir chaque soir, faisant pétarader sa mobylette bleue aux sacoches jumelles. Je n'arrive pas à comprendre pourquoi il l'aime tant.

Elle l'utilise pour les corvées de sa maison, mais ne manifeste aucune gentillesse à son égard.

Mémère préfère son fils Pierre, cela est évident, Marcel ne bénéficie pas du même amour. Pourtant, il est bien plus présent et serviable que tous ses frères et sœurs réunis. Cette différence exprimée sans pudeur me blesse. Déjà toute petite j'ai ressenti fortement cette injustice. Comment une mère peut-elle agir ainsi ? Comment un fils accepte-t-il cette cruauté ?

Roger, l'aîné de la famille, a été tué à la guerre en Russie. Il était un « malgré nous », alsacien incorporé de force dans l'armée allemande.

Émile, son frère cadet, est mort de l'appendicite à l'âge de dix ans. Pierre, le plus jeune, a une carrière de directeur de la patinoire de Mulhouse.

Est-ce pour cela que mémère déconsidère Marcel ? Peut-être Marcel cherche-t-il vainement le pardon de sa mère de n'être qu'un petit secrétaire dans une usine ?

Sur tous les fronts
Yo, 7 ans

Mon frère Thierry bénéficie de plus d'attention de la part de mémère. En effet, un mâle a forcément davantage d'intérêt. Il fera certainement des études, accédera à un statut social digne de la famille. Les filles n'ont aucune chance, à moins d'épouser un homme riche. Encore faut-il qu'elles soient jolies. Mémère n'a jamais exprimé un compliment sur notre physique, Michèle et moi devons lui sembler bien insignifiantes.

Thierry va régulièrement voir sa grand-mère. Comme il est plus apprécié, cette corvée lui semble moins pénible. Mémère a pour habitude de frotter le front de mon frère chaque fois qu'il lui rend visite. C'est comme un examen de passage.

Ainsi, Thierry, consciencieusement, se lave le visage avec soin. Juste avant de sonner chez Mémère, il humidifie son mouchoir afin de parfaire la clarté de sa peau. Laurette, la vieille fille de la famille qui vit auprès de mémère, apporte une lavette pour procéder au test d'hygiène. Docile, mon frère tend son visage, confiant du résultat.

Parfois, lorsque Mémère est dans un jour de bonté, il reçoit un sou en récompense de sa propreté.

Nous décidons, ma sœur et moi, de passer aussi l'examen du front. Dans la salle de bain, à tour de rôle, nous frottons nos visages avec un gant de toilette chargé de savon. Après le rinçage, nous recommençons scrupuleusement l'opération afin d'atteindre le summum de netteté de nos peaux juvéniles. Maman nous observe, médusée : « Vous croyez vraiment que vous allez avoir un sou de Mémère ? »

Je me dis que si nous arrivons à passer le test, il n'y a aucune raison que la récompense ne nous soit pas attribuée. Nous voici donc parties toutes les trois.

Mémère, comme à son habitude, nous laisse debout dans le salon où elle trône dans son fauteuil. J'ose dire bien haut : « Nous avons bien lavé nos visages, tu peux vérifier. »

Maman confirme mes dires : « Oh oui, elles ont frotté plusieurs fois avant de venir ! »

Mémère ordonne donc à Laurette de chercher la lavette afin d'analyser la blancheur de nos minois. Je suis ravie. Comme Thierry, nous avons le droit de passer l'examen. Nous allons avoir un sou chacune, c'est sûr. Nous le méritons. Je jette à ma sœur un regard empreint de joie confiante.

Finalement, mémère n'est pas si indifférente.

« C'est bien, vos visages sont propres ! »

La lavette est rangée, mémère continue sa conversation avec maman, aucun sou n'est donné.

Nous retournons plusieurs fois chez mémère, le visage astiqué. Michèle et moi avons la peau déshydratée à force d'attaques au savon de Marseille. Elle n'effectue plus jamais le test. « Mémère, nos visages sont propres ! » Elle répond simplement « Tant mieux. »

Quelques mois plus tard, je me prépare avant d'accompagner maman pour notre visite chez grand-mère. « Mais qu'est-ce que tu fais ? » Maman étonnée observe mes mains, salies de terre.

Devant le miroir de la salle de bain, consciencieusement, je frotte mon visage. Je veux être sale, je veux que la lavette de Laurette soit noire. Je ris d'avance de voir le visage horrifié de mémère, m'accusant d'être un souillon. Pourquoi décaper ma peau ? Pourquoi être docile ? Pourquoi espérer le test de propreté ? De toute manière cela n'aucune importance pour ma grand-mère. Alors une petite rébellion ne changera rien, mais cela me fera rire.

Maman m'interdit mon fard terreux. Ma révolte étouffée dans l'œuf, je l'accompagne encore plus à contrecœur que d'habitude.

Arrivée chez mémère, je ne dis pas un mot, pas un bonjour. J'espère une remarque désobligeante de sa part : « Tu es mal polie ! » ou bien « Que se passe-t-il ? Tu as l'air fâché ? »

Je pourrais lui dire que je suis déçue que mon front froncé et propre ne l'intéresse pas.

Peut-être dirait-elle : « Mais si, bien sûr, c'est très bien ! », « Tiens voilà un sou pour ta récompense. »

Rien, elle n'a même pas remarqué ma désinvolture !

Je comprends qu'il faut uniquement compter sur moi-même. Plus tard, je constate que les gens perdent de la monnaie lorsqu'ils préparent leur argent, pour payer les tickets de bus. J'entreprends de faire une tournée quotidienne aux différentes stations. J'y trouve régulièrement des sous, oubliés par terre.

Sur mon chemin, il y a aussi des cabines téléphoniques. Je glisse ma main dans le réceptacle du rendu de monnaie et, souvent, ma récompense dépasse mes espérances. Un jour, mes yeux scrutant le sol, je tombe sur l'image d'un vieux monsieur barbu, au regard sévère. C'est un billet de cinq francs. Ce grand-père de papier m'offre, d'un coup, tous les sous que je n'aurais jamais pu espérer de mémère !

Je suis riche, même si ce n'est pas écrit sur mon front.

La promesse
Yo, 7 ans

Annie, ma cousine, a cinq années de moins que moi. Elle est la divinité de la famille Galop de Froissard. Son père est dentiste. Diane, sa mère, est la seule fille de la famille à épouser un statut et un compte en banque, digne de cette famille d'anciens nobles. Leur maison trône dans le joli quartier chic de Mulhouse, le Rebberg. C'est une maison bi-familiale : au-dessus de leur appartement vit le père de Jean-Paul, l'époux prodige.

Nous visitons parfois ce grand-père solitaire, toujours assis dans un large fauteuil. Je suis fascinée, un peu effrayée aussi, par la texture de la peau de son visage. Sa large tête ronde, ses gros yeux marron, ses longs cils noirs, mais surtout sa carnation, forment un visage lunaire intriguant. De nombreux cratères parsèment son épiderme pâle. Le contraste des cheveux noirs et de sa chair blanche accentue la laideur de sa figure inexpressive. Ses traits pâteux n'expriment aucun sentiment, sa physionomie semble figée dans l'indifférence. Il parle peu, je ne me souviens pas du son de sa voix. Son grand âge le plonge dans un ennui flagrant.

Son fils, le dentiste Jean-Paul, lui ressemble étonnamment. Je ne connais pas sa mère.

Cependant, il ne doit pas en hériter physiquement. Jean-Paul est charmant, gentil, même s'il ne m'adresse jamais la parole. J'ai l'impression que je ne suis pas suffisamment intéressante ou même digne de provoquer son attention. Maman l'aime bien, il est adorable avec elle. Le pauvre mourra à cinquante-six ans, foudroyé par un infarctus.

À partir de ce jour, le statut d'Annie est encore accru. Nous sommes réunis chez Diane pour un café ; je n'ai aucun souvenir d'un repas chez elle.

Annie a commencé les cours de danse classique. Elle déambule fièrement dans le joli salon, parée de son tutu et de ses ballerines.

Ses cheveux noirs noués en chignon grandissent son allure de petit rat.

J'écarquille les yeux, émerveillée par ce costume que je n'ai vu qu'à la télévision.

C'est une réalité : il est donc possible de suivre des cours de danse. Quel rêve !

Je m'extasie en exprimant des « Ohhh » et « Ouawhhhh » et des « Magnifique ! »

Devant tant d'enthousiasme, Diane me demande : « Tu aimerais faire de la danse ? »

Quelle évidence, quelle question ! Je me vois gambadant sur mes pointes, sautillant les bras en 0, séduisant toute une assemblée d'admirateurs. Une scène s'ouvre à mon imagination et je deviens, en trente secondes, une danseuse étoile.

« Eh bien, je vais t'offrir des ballerines ! »

J'explose de joie et, pleine d'enthousiasme, je la remercie par avance.

Chaque fois que je la vois, j'attends mon cadeau.

Des Noëls, des anniversaires passent, les ballerines sont oubliées et mon rêve de danseuse aussi.

Ah oui, autre précision : Annie ressemble à son père et à son grand-père !

La nappe
Yo, 8 ans

Notre petite maison jumelée propose divers avantages. Une cour accueillante, jonchée de gravillons, sépare le portail de l'entrée. Cet espace est un terrain de jeu fantastique, bordé d'une descente de garage vertigineuse. À vélo, cette pente nous offre de belles sensations.

La véranda, protectrice des intempéries, se pare de vitres multicolores et joyeuses. Ensuite, après la porte d'entrée, un long couloir étroit distribue à sa droite un bureau qui sert de chambre à mon frère, une porte menant à la cave, un salon.

À sa gauche, la première porte s'ouvre sur les toilettes. Leur utilisation doit être programmée. En effet, les effluves de nos désagréments gastriques s'échappent directement dans la véranda, protectrice de la pluie mais pas des odeurs.

Ensuite, la deuxième porte est celle de la salle de bains, la troisième celle de la cuisine, et au fond du couloir la dernière, celle de la salle à manger.

Ce vestibule offre un avantage unique et fantastique !

J'y donne régulièrement rendez-vous à ma sœur Michèle et à notre maman. Avant l'heure, je prépare une collection de mode que je vais évidemment présenter moi-même sur le podium.

Je fouille les armoires, sélectionnant tout ce qui me semble digne de mon défilé. Je choisis des vêtements de mon père, de mon grand-père, de toute la famille en fait. Les chemises de mon frère sont très souvent retenues. Je mélange les imprimés, les fleurs chatouillent les carreaux, les rayures soulignent la géométrie de mes compositions. Une écharpe devient une mini-jupe. Je détourne la fonction des vêtements afin de présenter une collection digne des grands couturiers.

Nos rires explosent lorsque je mime la démarche des mannequins. Bien sûr, les accessoires sont également choisis avec soin. Un arrosoir sac à main a un succès fou. Un saladier comme chapeau est grandement applaudi.

Je barbouille mes lèvres, au-delà de leur réalité physique, du rouge à lèvres vif que maman utilise lors de ses sorties. C'est son seul maquillage, je ne l'ai jamais vu utiliser d'autre artifice. Sur mes pommettes, j'étale également cette couleur, attrayante et exagérée.

Ma démarche de mannequin et mon air sérieux font fuser les rires de mes spectatrices. Évidemment, je suis la créatrice de mode, le mannequin mais aussi la commentatrice.

« Voici la robe de la collection automne, YOYO. Elle se compose d'une jupe courte en cachemire, d'un corsage ajusté à carreaux peints à la main. » Le corsage en question est constitué de deux torchons de cuisine noués sur mes épaules.

L'assemblage de différents vêtements, le mélange des couleurs et des textures épatent maman. Il faut dire que, quoi que je fasse, elle s'extasie sur mes œuvres. C'est très motivant. Aussi je creuse mon cerveau afin de lui démontrer qu'elle a raison. Je n'ai pas encore compris que toutes les mamans fonctionnent de la sorte.

Un jour, en panne d'inspiration, alors qu'un défilé est programmé, je démonte les piles bien alignées dans les armoires, comme à mon habitude, sans trouver l'élément phare de ma collection. Ma sœur me suit en pestant car je jette allègrement tout par terre, en boule. Je lui explique que mon œuvre ne peut se concevoir dans le rangement et que sa tâche est de ramasser les vêtements et de laisser ma créativité s'exprimer !

Sa réponse carillonnante me ramène vite à la réalité, sans pour autant que je range quoique ce soit.

Enfin, je trouve la pièce convoitée ! Dans l'armoire de linge de maison, une nappe blanche, d'un tissu brillant, ourlée de dentelles, propose sa texture à mes yeux affûtés.

Le défilé Yoyo peut commencer ! « Mesdames, la collection automne-hiver, dernier cri de l'année 1970, va vous être présentée. Ces modèles uniques, créés par la styliste YOYO, vous seront vendus en avant-première. »

Mes invitées, fidèles au poste, attendent impatiemment de découvrir ma collection. Je déambule fière et sérieuse, comme à chaque fois, contenant avec difficulté mes fous-rires. Michèle et maman applaudissent à chacun de mes passages.

« Voici à présent le clou de la collection YOYO ! »

Je marche fièrement, la démarche chaloupée, rythmée par le balancement de ma jupe blanche ourlée de dentelles. Maman et Michèle applaudissent à se rompre les mains. Le succès de ma trouvaille est indéniable : ma jupe est splendide !

Le dimanche, maman invite très souvent mon parrain et son épouse à déjeuner.

Elle prépare de délicieux plats, et dépose à cette occasion une magnifique nappe de fête.

Lorsqu'elle secoue le tissu afin de parer la table, elle découvre, au milieu, un trou béant.

Elle me regarde tendrement et me dit « C'est la jupe du défilé ! »

Les jeux
Yo, 8 ans

Le vieux canapé d'osier récupéré chez le frère de mon père : voilà l'élément principal de notre mise en scène.

Anne et moi avons improvisé et découpé les pieds du fauteuil vétuste. Placé sur la table du jardin, il devient subitement le siège d'un carrosse.

J'ai trouvé dans la cave un fil à étendre le linge, fouet indispensable pour dompter les chevaux imaginaires de notre diligence.

« Hue Ya dia ! » Nos cris infernaux provoquent le galop endiablé des chevaux fous qui nous conduisent à travers les déserts américains. Nous sommes des cowboys et notre fuite infernale nous mène à l'abri des Indiens meurtriers.

Parfois, Anne devient une gentille squaw aux nattes en cascade. Attachée à un poteau elle va subir les outrages sadiques d'une tribu cruelle.

Heureusement moi, courageux cowboy, je la sauve de ses tyrans. Nous grimpons comme des fous sur la calèche et, dans notre fuite, nos cris résonnent dans tout le quartier. Mes parents hurlent à leur tour afin de nous faire cesser ce vacarme cinématographique.

Quinze minutes plus tard, armées de pistolets et de couteaux, nous engageons une bataille sanglante qui relance les hurlements, à nouveau interrompus par mes parents.

Nous devenons alors des espions silencieux. Anne, en Mata Hari, joue de ses yeux de velours afin de me séduire, moi, l'agent secret au service de la France. J'ai toujours le rôle masculin.

Mes cheveux très courts et mon allure peuvent d'ailleurs prêter à confusion. Souvent, avant l'apparition de quelques courbes féminines, les gens pensent que je suis un garçon. Je m'habille comme tel.

La maman d'Anne coud de magnifiques robes à sa fille. Sa féminité, même très jeune, ne fait aucun doute. De ce fait, il est évident que, dans nos jeux, je suis le garçon et elle la fille. Et, à mesure que nous grandissons, nos histoires deviennent les versions sublimées des bluettes sentimentales passionnées dont nous nous abreuvons sur le petit écran de ma salle à manger. Anne, n'ayant pas la télévision chez elle, par choix éducatif assumé de son père, vient passer le jeudi ou le dimanche après-midi chez moi. Nous visionnons alors séries diverses ou films d'aventure qui nourrissent notre imaginaire exacerbé.

Anne s'en retourne chez elle en toute fin d'après-midi, les yeux rougis par ce trop-plein d'écran.

La chambre d'Anne est souvent le théâtre de nos jeux de rôles. Les déguisements nous portent vers des personnages héroïques, nous sauvons le monde, les dangers bravés sont le quotidien de nos vies imaginaires.

La voix tonitruante de Paul nous tire de nos saynètes en nous plongeant dans la terreur du réel. Cette voix extraordinaire du père, vibrante et sonore, tel un baryton, nous flanque une trouille sans pareille.

Cependant, cela ne dure pas longtemps, et malgré notre frayeur, nos jeux bruyants recommencent sans cesse, au gré du scénario improvisé.

Salam, la jupe de Yo

François a voulu me casser la gueule à la récréation, le maître est arrivé à temps. J'ai expliqué que François m'avait bousculé pour que je tombe et que j'ai alors voulu me défendre, le maître m'a donné une gifle et j'ai eu une punition. François m'a tiré la langue et s'est moqué de moi. J'ai raconté tout cela à maman, elle m'a dit de me taire, de ne pas me plaindre, sinon papa se fâcherait.

J'ai une bête dans l'estomac qui grignote ma patience. S'appeler François est-il le secret pour être le chouchou du maître ? Salam est-il le prénom de la honte ?

Yo me dit que, dans sa classe, la maîtresse préfère les enfants des instituteurs ou des médecins. Pourtant son nom de famille est Galop de Froissart ! J'aime bien m'amuser avec elle, elle a une autre amie du quartier des Jonquilles, Leïla. Je les vois souvent ensemble à quatre heures, manger des tartines et rire comme des folles.

L'autre jour Yo a rapporté une jupe qu'elle a fabriquée avec une nappe. « Tu me dessines avec ma nouvelle jupe ? » J'ai pris mon cahier et j'ai croqué la silhouette gracile. J'ai rajouté un immense chapeau imaginaire sur la tête de mon amie, je lui ai dit d'arrêter de rire, les mannequins font toujours une tête d'enterrement.

Yo a détaché la feuille de mon ébauche, elle veut garder l'image de sa première collection ! Nous nous moquons en riant aux éclats, j'en oublie la tristesse qui règne à la maison.

Ça m'amuse bien de crayonner des tenues de mode.

Depuis que Yo me l'a demandé, je continue de remplir mon cahier des vêtements que j'invente. L'autre jour, maman a regardé mes croquis, elle m'a grondé en m'expliquant que c'étaient des esquisses de filles, et elle a jeté mon cahier. Je suis sorti et j'ai pleuré en cachette dans le garage du bloc en construction. Heureusement que Yo a gardé son dessin.

Maman m'a emmené chercher des habits chez Emmaüs. C'est pas cher et y'a beaucoup de choix. Par contre, une odeur bizarre de vieillerie trône dans les rayons. Ça me soulève le cœur, maman me dit qu'elle va tout laver. Tout ce qui me plaisait déplaisait à maman : « C'est pas pour toi ! Il y a trop de couleurs. » Moi j'adore les couleurs, ça me rappelle le soleil du bled, les fruits et les légumes aux teintes vives. Pourquoi en France faut-il s'habiller tristement ?

D'ailleurs pourquoi les garçons doivent-ils mettre des vêtements sinistres ? Les filles ont plus de choix.

J'aimerais bien être une fille parfois, pour mettre la jupe blanche de Yo.

Les blocs
Yo 8 ans

Je sonne à la porte de la maison d'Anne :

« Tu viens jouer dans les blocs ? » « Je ne peux pas, j'ai des devoirs. »

Anne dévore des yeux l'énorme sandwich que ma bouche goulue engloutit.

« Salut, pas grave ! »

Je cours alors jusqu'aux blocs en construction. Les ouvriers sont partis à cette heure-là. Le chantier désert offre son territoire aux dangers multiples. L'inconscience de mon jeune âge efface toute notion de risque et c'est avec une énergie incontrôlée que je grimpe dans les étages.

J'y retrouve d'autres enfants des quartiers proches. Ce terrain de jeu géant nous propose mille façons d'explorer nos limites. J'ignore le vertige qui chatouille mes entrailles. L'explosion de nos rires aux éclats met de la vie dans ce lieu abandonné par les ouvriers. Les futurs habitants entendront-ils la résonnance joyeuse de nos voix ?

Aucun adulte ne vient sur place. Nous sommes libres comme le vent qui décoiffe nos cheveux. Parfois, un chat se sauve, terrifié par nos cris.

Lorsque l'obscurité s'installe lentement, le chantier des blocs prend une allure effrayante.

Je rentre, traînant doucement mes pieds sur l'asphalte. Mes cheveux sentent la poussière, mes vêtements la sueur.

La nuit presque tombée, j'arrive enfin chez moi. Épuisée, j'oublie de faire mes devoirs.

J'ai appris tant de choses dans les blocs !

Jaune
Yo, 8 ans

Certains sont gris, d'autres verts ou bleus. Parfois, des couleurs indéfinissables, comme un jour triste qui tombe, auréolent des passants croisés sur mon chemin. J'ai envie de les arrêter et de leur dire que leur nuance taupée me chagrine. Bien sûr, je n'ose pas. Je pense être folle et je ne peux avouer à personne ma vision arc-en-ciel des gens. Du bleu au vert, au gris souvent, les êtres humains se colorent dans ma tête enfantine. Je pose la question timidement à ma sœur :

« Tu vois les gens de quelle couleur ? »

« De la couleur de tes devoirs ! »

Je comprends que cette question est à éviter.

J'apprivoise ce phénomène bizarre et accepte cette différence, sans la partager. Je baptise certains membres de ma famille par leur couleur, mon oncle Marc est Bleu, ma tante Jeanine Vert bouteille.

Anne est jaune, pas n'importe quel jaune. Sa couleur réchauffe comme un soleil andalou. Lorsque je la vois, j'ai l'impression de me promener dans un verger de citronniers. Ses longs cheveux, châtains en réalité, se parent d'or et de brillance dans mon regard. Ce phénomène étrange la rend encore plus jolie.

Anne est née un an avant moi. Sa maison à quatre-vingts mètres de la mienne est une maison individuelle. Elle me semble bien plus agréable que la nôtre qui est une maison jumelée. Son père est professeur de collège des 6e de transition, classes dédiées aux élèves les plus nuls. D'ailleurs, dire à quelqu'un : « Tu vas finir en 6e de transition ! » constitue une véritable insulte.

Je ne sais à quel moment nous sommes devenues amies car j'ai l'impression de la connaître depuis ma naissance. Nous nous réinventons même une biographie où Anne me promène dans ma poussette, ce qui s'avère impossible, au regard de notre petite différence d'âge.

Dans mes souvenirs les plus lointains, Anne est présente, ses frères, son père et sa mère font partie de mon histoire. Je sonne le soir chez elle après la classe pour l'inviter à découvrir les quartiers peu fréquentables de Modenheim.

Invariablement, son visage déçu me répond :

« Je dois faire mes devoirs. » Je pars alors toute seule explorer des univers exotiques et merveilleux.

Anne reste le visage penché sur ses livres, elle représente à mes yeux la petite fille idéale que je ne sais pas être.

Le jeudi cependant nous le passons ensemble, chez elle la plupart du temps. Nos jeux bruyants sont interrompus par le tonnerre de la voix de son père Paul qui nous gronde pour tant de vacarme, depuis le bas de l'escalier.

Nous nous taisons alors, comme figées dans la pierre, retenant notre souffle de peur de provoquer à nouveau la colère de ce père si impressionnant.

Isabelle, son épouse, nous régale de brioches, tartes et autres gâteaux que l'on dévore, affamées par nos jeux trépidants. Ce foyer me semble idéal, rassurant et confortable.

Ce père si fort, intelligent, que l'on ne contrarie jamais, cette mère si douce, aimante, serviable pour toute la famille... Les frères ressemblent au père et Anne trône dans cet univers, telle une princesse protégée.

Je m'intègre et prends ma place dans cet antre protecteur plusieurs fois par semaine, et surtout le week-end. Nous partons tous à Geishouse, dans le chalet construit des mains de Paul.

Là, il n'y a pas de télévision, la montagne est l'unique distraction. Le soir, nous allons chercher le lait chez le fermier, munies de nos pichets de fer blanc vides, que nous faisons résonner sur nos tibias bronzés, tel l'angélus au clocher de la petite église. Au retour, nous nous efforçons de maîtriser notre fougue pour ne pas risquer de renverser la précieuse substance laiteuse que la maman cordon-bleu transformera en crème à la vanille ou autre dessert gourmand. L'été, nous nous lavons à l'eau froide, dehors dans la bassine de zinc. Nos cris stridents provoquent les gronderies du patriarche. Nous rions malgré la terreur d'être rouspétées à nouveau.

Nous arpentons le village jusqu'à l'école, un oncle de la famille y est instituteur. Pendant les vacances ou le week-end, nous jouons dans la cour déserte. L'escalier de bois est dévalé à toute allure lorsque nous sortons de son logement de fonction. Certaines fois, notre audace va jusqu'à glisser à califourchon sur la rampe bien cirée, défiant le vide du haut de ce 1er étage.

La cour d'école devient un terrain de jeu inattendu et moi, qui hais la scolarité, je me réconcilie avec ce lieu en y jouant avec Anne.

Le soir, mon lit est préparé dans le salon. La chambre des parents se trouve au même niveau, à l'autre bout du chalet. Anne loge à l'étage. Je me retrouve seule, observant la petite fenêtre au-dessus de ma tête avec la conviction d'y voir très vite un satyre. La nuit s'infiltre par cette lucarne et me plonge dans une peur enfantine. Des animaux sauvages et féroces, des voleurs fourbes et méchants, des gitanes sales et malveillantes se donnent rendez-vous au bord de mon lit, m'empêchant de trouver le sommeil. Je ne parle jamais de mes terreurs car je suis trop fière, personne ne doit savoir que je suis une petite fille trouillarde, je préfère affronter des démons plutôt que de décevoir les parents d'Anne.

Lorsque je vois enfin le petit jour, les diables s'évanouissent, laissant place à ma joie d'être au chalet. J'attends sagement les premiers bruits du petit déjeuner pour enfin sortir de mon lit. Commence alors une journée de douceur, parfumée de pain chaud, de chocolat fondu dans la tasse de lait fermier et, parfois, de la brioche confectionnée par Isabelle.

Une toilette du bout du museau suffit pour la journée et nous entamons alors la découverte des promenades alentour.

Les frères plus âgés, Pierre et François, sont rarement présents. Lorsqu'ils se joignent à nous, je me sens toute petite. Je préfère être seule avec Anne, nos jeux et balades ne supportent pas le regard protecteur des plus grands.

Lorsque je rentre le dimanche soir, mon seul regret est de n'avoir pu suivre Télé-dimanche, présenté par Raymond Marcillac.

Les plates-bandes
Yo, 8 ans

Parfois, le dimanche, nous allons chez René et Marylène. René, le frère aîné de maman, parle à peine français. En tous cas, je ne le comprends pas. Il émet des sons inconcevables, roulant des R et traînant des syllabes jusqu'à l'infini.

Il ne ressemble pas à son frère Lucien et très peu à maman. De taille moyenne, le cheveu sombre, se dessine dans son visage rond la sévérité du père de famille. René et Marlène ont trois enfants. Gilbert, l'aîné, est trop âgé pour jouer avec moi. Nous nous rapprochons bien plus tard, quelques semaines, le temps qu'il essaie en vain de séduire mon amie Anne.

Nicole a le même âge que moi. Son enfance est douloureuse. Sa colonne vertébrale tordue l'oblige à supporter une sorte de corset en plâtre. Elle part souvent en cure afin de soulager son dos.

Je la vois peu, mais nous sommes heureuses de jouer un peu ensemble lorsque c'est possible. Son caractère est aussi figé que son corset. Elle n'accepte aucun compromis et se fâche rapidement. Je suis fascinée par sa vie de rupture familiale. J'envie ses départs en maison spécialisée, loin de sa famille. Elle se construit en dehors du patriarcat et de la vie scolaire classique. Bien sûr, je plains sa grande souffrance mais, pour moi, elle représente la possibilité d'un horizon différent, de rencontres exceptionnelles, d'humanité extraordinaire.

Nicole a beaucoup de mal à s'exprimer. Son vocabulaire restreint est sans doute la raison de ses colères. Je comprends qu'elle est différente. Ce n'est pas uniquement sa déviation dorsale qui l'empêche de grandir, son cerveau lui aussi, peine à se développer.

Brigitte, la plus jeune de la fratrie, est espiègle et dynamique. C'est avec elle que je ris le plus, parmi les trois enfants.

Nous adorons jouer à nous attraper au beau milieu des massifs du jardin. René a construit un immense potager. Il a bordé ses plates-bandes d'un muret en béton et les allées qui séparent les lopins de terre sont très étroites. Nous aimons courir dans les chemins exigus, risquant à tout moment de rompre nos os enfantins. Ce quadrillage méthodique nous permet d'élaborer des tracés de poursuites, inégalables ailleurs que dans ce magnifique potager.

Le problème est que nous loupons souvent notre parcours, écrasant au passage les jeunes pousses plantées avec soin. Nous essayons alors de reboucher le trou causé par nos pas maladroits, camouflant tant bien que mal le massacre végétal.

Marylène, ma marraine, nous prévient de la colère de son mari s'il venait à nous surprendre. Elle est grande, avec une fière allure. Des cheveux ondulés ornent avec ravissement son visage aux traits fins. Son nez régulier et sa bouche rose au large sourire sont ravissants. Elle ressemble à une actrice américaine qui porte presque le même prénom.

Marylène emplit la maison de rires et ses yeux sombres reflètent une réelle joie de vivre. À ses côtés, son mari est grincheux et toujours mécontent. Ce contraste m'intrigue. Comment tant de différences peuvent-elles réunir deux êtres ? La patience de Marylène atténue sans cesse l'irascibilité de René. Ce compromis de caractères compose une ambiance paradoxale. Chez eux, je ressens un chaud-froid permanent et, à chaque moment, je me demande quelle température je vais subir. La douceur chaleur de Marylène qui nous offre un goûter fait-maison ? La terreur glacée de René nous admonestant lorsque nous sommes trop bruyants ?

Lorsque René nous surprend à détériorer ses cultures, découvrant les dégâts dans ses plantations, il hurle et sa voix tonitruante nous fige comme des statues de pierre.

Je ne comprends pas les mots de ses braillements en alsacien, mais le ton de sa voix laisse peu de doute sur son intention de nous punir.

Faut pas marcher sur ses plates-bandes !

Le noyer
Yo, 8 ans

En face de chez nous vit la famille Gaziek. Le père travaille comme le mien, à la SACM de Mulhouse. Il ne parle que polonais. La mère élève quatre filles, je ne connais pas l'aînée, partie très tôt du foyer. Vient ensuite Élisabeth, une grande blonde imposante. Elle parle très fort, sa voix traînante et aiguë titille mes oreilles. Elle semble contrainte par ses membres, sa démarche lourde paraît la freiner constamment. Élisabeth affiche un regard triste. Dans sa tête demeurent de nombreux personnages qui bouleversent son quotidien.

Ensuite suit Christine, une jeune fille très vive, de l'âge de ma frangine. La plus jeune des sœurs, Françoise a un an de plus que moi. C'est avec elle que je passe quelques heures par semaine à jouer dans son jardin. Françoise est très jolie, ses yeux vert pâle éclairent son visage. Ses pommettes accentuées trahissent ses origines des pays de l'Est. Ses parents polonais parlent, ou plutôt crient, dans leur langue qui m'est incompréhensible. Les sons exotiques, scandés à travers leur maison, me font voyager. Un poulailler niche au fond de leur jardin. Près de là, un compost s'amoncelle. Les odeurs piquantes chatouillent mes narines. Je pince mon nez délicat lorsque nous cherchons des œufs.

Le potager aux plantations régulières prend toute la place du jardin. Seul un carré de terre, à l'avant de la maison, accueille un espace où nous pouvons jouer. Là trône un magnifique noyer. Pour y grimper, nous devons monter sur une chaise afin d'atteindre la première branche. Telles des acrobates nous l'escaladons ensuite jusqu'au plus haut. Mes jambes tremblantes ignorent la peur qui torture mes entrailles, le vertige qui soûle ma tête. Je suis une conquérante, une aventurière, je brave courageusement les obstacles du noyer afin d'atteindre son sommet fièrement.

Françoise, agile comme une guenon, se hisse rapidement au milieu du fouillis des branches. Nos jambes portent le trophée des griffures de branchettes. Nous rions de nos courses arboricoles, et nos cris joyeux se mêlent aux piaillements des oiseaux.

Lorsque Françoise n'est pas là, je passe par-dessus la clôture afin de retrouver la cime du noyer. Je m'y réfugie, et cette planque idéale me permet d'observer une partie de la rue. Je scrute les allées et venues des habitants. Je m'imagine être une espionne, agent spécial collectant des indications essentielles pour la sauvegarde de notre pays.

Ma mission est indispensable. Grâce à moi, les Allemands ne pourront plus envahir la France.

Lassée de mon mutisme, je me transforme en acrobate. Tout en scandant des : « Mesdames et Messieurs, attention, à présent l'acrobatie dangereuse de Yo va vous époustoufler, je vous demande le silence. » J'attrape la branche la plus haute du noyer, j'y accroche mes jambes nues, et d'un seul élan je me jette en arrière. Je me balance la tête à l'envers, découvrant le ciel à la place de la terre.

Quelle ivresse, quelles sensations !

Je sens le vent jouer de mes boucles, des chatouillis se logent dans mon ventre. Je comprends ce que le mot « liberté » signifie.

Le noyer prend trop de place. Il sera coupé…

Ecchymoses et qui ose ?
Yo, 9 ans

La coloration bleutée de ma peau est d'une fréquence régulière, j'ai toujours adoré cette couleur, pleine de nuances.

Anne et moi faisons très souvent du vélo. En dehors des trajets pour aller à l'école, nous aimons particulièrement tenter des acrobaties périlleuses sur nos bicyclettes. L'expérience la plus spectaculaire, renouvelée maintes fois malgré les chutes, est d'attacher entre eux nos guidons à l'aide d'une ficelle. À tour de rôle, nous tirons sur le lien afin de faire avancer l'engin sans l'aide des pédales. Nous choisissons de réussir cet exploit dans la pente de la rue de Kembs.

Je ne comprends jamais pourquoi c'est moi qui me casse la figure à chaque fois ! Anne sort toujours indemne, je récolte toujours les bleus. Peut-être est-ce parce que je lève les jambes pour compliquer la prouesse ?

Mario, mon voisin d'en face, est aussi beau qu'un éphèbe. Ses cheveux bouclés encadrent son visage aux traits parfaits. Lorsque je joue avec lui, ce sont nos bagarres qui m'intéressent. Nous roulons dans l'herbe, nous agrippant l'un à l'autre, nous battant comme des chiffonniers. J'adore me mesurer à lui, il est plus fort que moi mais je suis plus agile. Il bloque mes bras, j'agrippe, de mes jambes, son torse de pré-adolescent, me débattant comme une sauvage. Parfois, la maman de Mario freine nos échauffourées, craignant le résultat tragique d'un coup mal placé. Nous ignorons ses recommandations, continuant de plus belle notre match de boxe dans le ring improvisé du jardin.

Lorsque je rentre, j'observe l'apparition lente des bleus colorant ma peau laiteuse. Je suis fière d'avoir combattu d'homme à homme, même si je ne suis qu'une petite fille.

Autour du stade de foot court une clôture à main courante blanche. J'y grimpe souvent, les bras écartés pour trouver mon équilibre. Je longe le stade, funambule experte, ravie de prendre de la hauteur.

Après une pluie fine, je décide de retourner à ma promenade aérienne. L'air rafraîchi, revigorant, m'invite à sortir, chaussée de mes grolles mastoques. Je grimpe, comme à mon habitude, sur le tube mouillé de bruine, qui évidemment glisse dangereusement. À peine trois pas effectués, l'inévitable chute se produit. Je tombe, jambes écartées, sur la rambarde rigide. Personne alentour, mes hurlements sonnent inutilement.

Je réussis à m'asseoir avec difficulté, mêlant mes larmes à la fine pluie qui tombe à nouveau, doucement.

Je marche jusqu'à chez moi, sentant la douleur s'installer entre mes jambes. Chacun de mes pas réveille l'enfer de ma souffrance.

« Maman, j'ai mal, je suis tombée ». « Qu'est-ce qui t'est encore arrivé ? »

Maman a la faculté, en un instant, de dédramatiser tous les problèmes de la vie. « Oh, ce n'est rien, je vais te soigner avec de l'eau tiède. » Elle m'installe sur les toilettes, prépare un broc d'eau bicarbonée et verse sur ma plaie le remède miracle. Les jours suivants, un hématome géant s'installe de mon entre-jambes jusqu'à mon nombril. Durant plusieurs semaines, je souffre du calvaire de ce choc. Maman me dit que cela va passer, elle a raison.

Ma peau se colore aussi du rouge des éraflures, écorchures, blessures sanglantes, lorsque je râpe mes genoux sur le macadam rugueux de la rue. Le tatouage rouge se transforme en une croûte sombre. Je taquine sans cesse, de mes ongles acérés, la couche rigide qui se soulève, laissant couler à nouveau le sang frais. J'observe l'opération, analysant les petits fils de peau tirés jusqu'à l'explosion, entraînant une douleur exquise. Mon but est de garder la plaie le plus longtemps possible. La nature gagne toujours, je guéris trop vite.

Les couleurs bleue, rouge, verte et jaune représentent le drapeau du pays de mon corps.

Fière, je brandis, victorieuse, les stigmates de mes batailles.

Salam, le partage de Dieu

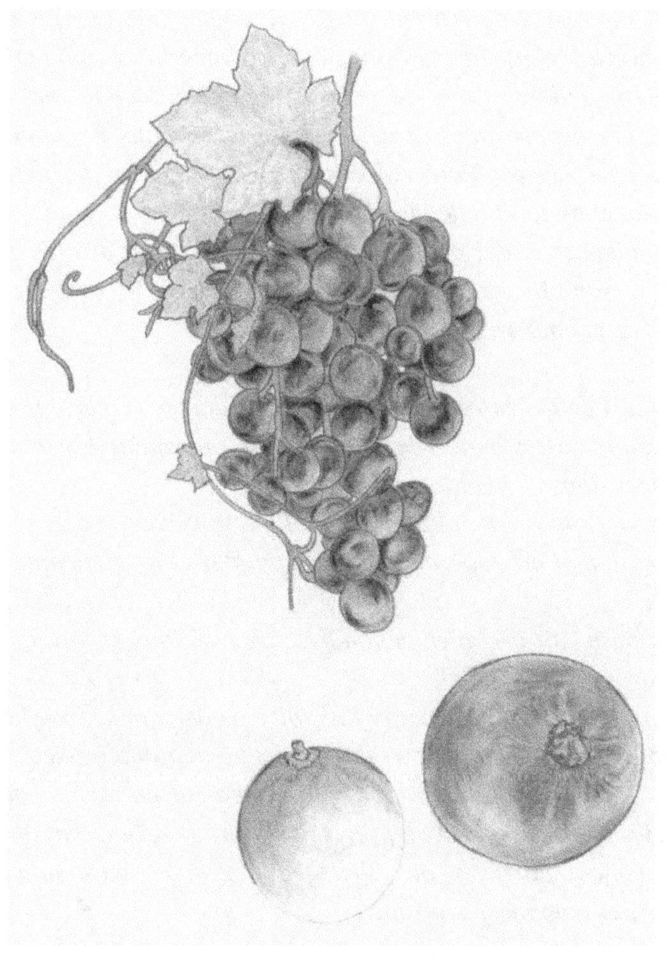

Je regarde autour de moi, il n'y a que de la misère. Papa me dit toujours que Dieu est grand, qu'il faut prier. Si Dieu est suprême, pourquoi laisse-t-il mon estomac grogner de faim, pourquoi ma sœur est-elle dans la souffrance ? Maman prie, papa prie, mes frères aussi, nous prions tous mais les repas restent frugaux.

Je demanderai des explications à papa ce soir, quand il rentrera du travail. Il saura me dire pourquoi mes petits copains de classe sont roses et dodus. Ma peau est sombre et je suis maigre comme un haricot. Yoyo est maigrichonne aussi, mais elle a toujours un énorme sandwich à la main, elle veut souvent le partager avec moi mais il y a du jambon dedans, alors je refuse, la salive inonde ma bouche pourtant. Je lui dis que j'ai déjà mangé le coucous de maman très copieux, avec des poivrons colorés, des pois chiches, des petits pois ravissants et de la viande succulente. Yo me demande : « C'est quoi des pois chiches et des poivrons ? » Elle ne connaît pas les légumes du soleil, son Alsace lui offre des choux verts et rouges, et des sandwichs au cochon !

Papa est enfin rentré. Il a l'air si fatigué que je renonce presque à ma question. Mais non ! Je veux savoir pourquoi il y a tant de différences dans ce monde créé par Dieu.

« Papa, explique-moi la loi de Dieu tout-puissant. »

« Laisse-moi me reposer quelques minutes et je te raconterai une histoire. »

Mon père sait très bien répondre aux questions en inventant des anecdotes.

« Écoute-moi mon fils, voici l'histoire de deux amis inséparables. Ils s'aimaient tellement qu'ils partageaient tout afin d'être équitables. S'il y avait une seule pomme, ils la coupaient en deux. Tout était minutieusement pesé, juste et précis. Un jour, ils achetèrent du raisin.

« Comment partager au mieux cette grappe entre nous, nous n'allons pas compter les grains ! »

Devant ce dilemme, ils décidèrent de s'en remettre à Dieu. L'un d'eux dit : « Le prochain passant partagera à sa guise et ce sera la décision de notre créateur. »

Et voilà qu'un homme s'approcha d'eux.

« Eh, l'ami, peux-tu partager notre raisin ? Nous souhaitons que ce soit juste. » « Bien sûr ! »

Le passant donna trois grains de raisin à l'un, une claque à l'autre et s'enfuit avec le reste. Les amis stupéfaits crièrent et l'insultèrent.

Quelques jours plus tard, les deux inséparables retrouvèrent le passant dans un café. Ils l'attrapèrent, lui demandant une explication.

« Je n'ai fait que ce que vous me demandiez ! J'ai partagé selon la règle de Dieu ! Il ne donne pas la même chose à tout le monde. Certains possèdent tout et d'autres rien. J'ai fait comme lui ! »

Papa rit fort et me regarde : « Tu as compris mon fils ? »

Je ne sais pas si je dois rire avec lui ou pleurer…

Mais j'ai compris le message !

Madame Ventémin
Yo, 9 ans

Madame Ventémin est mon institutrice du cours moyen 1ère année. Je suis une élève très moyenne, mon intérêt pour l'école n'a jamais été violent. Ma place attribuée se trouve dans la rangée du milieu, à la hauteur de mon niveau scolaire. Nous sommes plus de vingt-cinq élèves, uniquement des filles. J'ai baptisé madame Ventémin, madame « Vends tes pommes ». Cela fait rire mes copines de classe.

La maîtresse est toujours vêtue d'une jupe droite très stricte. Ses chemisiers colorés apportent un peu de gaieté à son apparence. Elle parle avec un accent alsacien très prononcé, les syllabes traînent dans son palais, emprisonnées dans la lenteur. Elle ne marche jamais au-delà du troisième rang. Les élèves placées devant, les meilleures, l'intéressent, les autres servent de décor.

Curieusement, ce sont les filles des médecins et des institutrices qui trônent sur les bancs de devant. Dans sa classe, je peux rêver à loisir. Jamais elle ne m'interroge. Cela tombe à merveille, je ne fais jamais mes devoirs !

Mes notes très moyennes comblent mes ambitions. Ignorer mes leçons et atteindre la moyenne est une performance.

Un jour d'interrogation écrite en calcul, je suis heureuse de pouvoir répondre sans hésitation à toutes les questions. Lorsque madame Ventémin me rend ma copie, un trait sanglant tranche toute la feuille. Un zéro souligné trois fois griffe la marge de mon devoir. Je ne comprends rien, j'étais persuadée d'avoir tout juste. Je lui pose la question, pourquoi ce zéro ? « Tu as tout faux ! Corrige ton devoir. » Pour moi, la correction est impossible, je suis complètement perdue. Je demande alors de l'aide à ma voisine qui a eu un magnifique et pompeux dix sur dix. Nos réponses sont identiques ! Je vais près du bureau de madame Ventémin réclamer réparation.

« Ah oui, tu as tout juste. » C'est sans excuse qu'elle m'attribue un dix mérité. Je me demande si cette erreur existe dans l'autre sens. Donne-t-elle des dix à ses élèves préférées sans vérifier s'il y a des erreurs ?

Madame Ventémin habite un quartier près de notre rue. Elle se déplace à vélo pour aller à l'école. Elle passe devant notre maison dont la cour avant est en terre battue.

Mes parents attendent une rentrée d'argent pour faire des travaux de finition. Un camion de gravier est livré un matin, mon père travaille des heures pour répartir les cailloux dans la cour. Lorsque je marche sur les petites billes bicolores, je me réjouis de leur bruit sous mes pas. La maison est embellie de cette entrée majestueuse ornée de pierres précieuses. La poussière de la terre battue s'envole à tout jamais.

Après la classe, Madame Ventémin arrête sa bicyclette devant notre maison. Je suis étonnée, m'a-t-elle confondue avec une bonne élève ? Que veut-elle ? « Eh ben dis donc, il était temps de vous occuper de votre cour ! C'était vraiment très sale avant ! » Je reste figée, incapable de répondre.

Le lendemain, j'annonce à mes copines que le nouveau surnom de notre maîtresse est « Vends tes vaches ».

Il est immédiatement adopté à l'unanimité.

Salam, la niqab blanche des femmes

Je suis devant, au cimetière, avec mes frères et mon père, au premier rang. Je suis assez grand maintenant pour avoir ce privilège, mais je préférerais me cacher dans la niqab de maman et pleurer.

Je suis devant, au cimetière, avec mes frères et mon père, et je suis assez grand maintenant pour ne pas verser les larmes de mon corps.

C'est ce que m'a dit papa, mais c'est trop dur, se contenir et rester de marbre, comme le corps froid de ma petite sœur. Ses rires étaient si chauds, ses yeux si vivants. Fatima signifie en arabe « l'enfant qui vient d'être sevrée ». La préférée du prophète Mahomet. Pourquoi alors est-elle partie ? Sa gentillesse, sa joie de vivre, même dans la souffrance, son très jeune âge, méritent-ils la mort ?

L'âme de Fatima restera dans la tombe pendant quarante jours, j'irai la voir seul et pleurer comme une femme. Je me sens enfermé dans un corps qui ne correspond pas à ma nature. Les femmes ont raison d'exprimer leur douleur, leur joie, leur créativité. Moi, Salam, je dois faire semblant, cacher mes émotions, refouler mes angoisses, gommer mes dessins, suivre mon destin d'homme.

Je me pose tant de questions, comment trouver les réponses auprès d'une famille expatriée qui veut absolument dissimuler ses origines, tout en conservant les règles de l'islam. Je grandis et ma tête s'approche de plus en plus du ciel, mais s'éloigne de ma terre natale. Ce déchirement permanent, entre les traditions et les croyances, torture mon âme. Parfois, je voudrais être Fatima et arrêter ma vie. Mais au moins, cette vie aura été celle d'une petite fille, qui colore ses dessins sous le regard attendri de sa mère.

Trois jours suffisent, d'après le Coran, pour faire le deuil de Fatima. J'ai tellement de peine, ma vie entière ne me consolera pas.

Je suis devant, au cimetière, avec mes frères et mon père, au premier rang. Ma place pourtant, je le sais, est derrière, au cimetière, avec les femmes qui pleurent.

Je voudrais aujourd'hui porter le niqab, ressentir la douleur brûlante de mon corps, et laisser aux hommes la prouesse d'être de marbre face à la mort de ma petite sœur.

La règle de Dieu
Yo, 10 ans

Michèle est plutôt timide. Réservée, docile. Elle ressemble beaucoup à Jeanne, notre maman. Maman, lorsqu'elle se trouve en présence d'inconnus, devient toute petite, avec un minois enfantin, et un sourire dessiné à l'envers. Elle ne parle pas, ne donne pas son avis. Si on la questionne, elle répond de manière à peine audible : « Je ne sais pas ». Elle est impressionnée par les médecins, les professeurs. Jamais elle ne contredit une décision de leur part. Ils savent forcément tout, puisqu'ils ont fait de grandes études. Maman ne s'inquiète pas, si nous ne travaillons pas à l'école, ma sœur et moi.

« Vous l'aurez bien ! » dit-elle.

Cette phrase signifie que notre vie sera confortable car nous trouverons des maris qui nous prendront en charge. C'est logique, cela existe depuis toujours.

Pour Thierry, mon frère plus âgé de sept ans, il est en revanche important qu'il ait son bac.

Michèle va au temple le dimanche, le pasteur exige une présence assidue pour aboutir à la confirmation de ses élèves.

À quatorze ans, elle termine son enseignement religieux. Elle aime retrouver ses amis, après le culte, l'ambiance est joyeuse. La foi de Michèle va grandissante au fil des mois. Dieu est tout puissant, il est important d'obéir aux vertus et aux commandements pour éviter la punition divine. Il faut avouer qu'elle a aussi le béguin pour un futur communiant. Cela motive la constance de sa présence.

Comme pour moi, l'école n'est pas le lieu de prédilection de ma sœur. Un matin, elle « bleute » un cours de dessin pour aller rejoindre des amis dans un petit bistrot, près du collège. C'est la première fois qu'elle ose frauder. Elle se sent à la fois excitée du délit et craintive d'être démasquée.

Elle se dit que la professeure de dessin mérite bien le boycotte de son cours ! La semaine d'avant, Michèle a cru mourir de peur par sa faute. Elle s'en souvient, encore en colère.

L'enseignante, dans son éternelle robe de cuir, déambule dans les rangs silencieux. Le devoir consiste à peindre un paysage imaginaire.

Michèle, scrupuleuse, choisit des noirs, verts, bruns, étalant la pâte sur la feuille de dessin qu'elle a demandée à son amie Dominique.

Il est vrai que le matériel scolaire exigé par nos professeurs intransigeants nous manque souvent. Michèle et moi murmurons chaque jour cette phrase mythique en classe : « T'as pas une feuille ? » adressée à nos amies compréhensives.

Le dessin presque terminé, Michèle sursaute, terrifiée par un cri au-dessus de sa tête. Quel drame peut provoquer une telle réaction ? Le plafond menace-t-il de s'effondrer ? Un rat court-il sous son bureau ? Toute tremblante, Michèle en criant demande une explication à la professeure : « Mais c'est horrible, ta peinture ! » Michèle n'en croit pas ses oreilles. La classe entière, rassurée, éclate de rire. Michèle, encore sous le choc, n'est pas vexée du résultat de son œuvre, elle a horreur du dessin.

En revanche, elle s'en veut d'avoir subi une telle peur pour si peu.

Son « bleutage », la semaine suivante, est, somme toute, légitime. Michèle, finalement, oublie sa crainte et profite généreusement de ses amis au bistrot.

Le dimanche, au culte, elle ressent un mal de ventre grandissant. Elle se tortille sur sa chaise, respire profondément espérant atténuer sa douleur. La leçon de religion terminée, elle ne reste pas près de ses amis, contrairement à son habitude. Elle se précipite à la maison. Les douleurs amplifient, mais ce qui l'inquiète le plus est qu'elle sent son pantalon se mouiller bizarrement.

Lorsqu'elle découvre son entre-jambes sanglant, elle comprend immédiatement que Dieu la punit. Mentir est un péché, elle paie sa faute. Elle va mourir, dans le sang et la douleur !

« Maman, Dieu me punit, j'ai menti, je ne suis pas allée au cours de dessin. »

Maman, affolée par les cris et les pleurs de Michèle, se précipite pour comprendre ce qu'il se passe. Lorsqu'elle éclate de rire, Michèle est décontenancée. Maman, par pudeur, n'a jamais abordé les sujets tabous pour elle. Les règles, la sexualité, tout cela ne doit pas être dit. Ça arrive naturellement, pas besoin d'explication.

Heureusement pour moi, l'expérience de Michèle m'a servi. Elle m'a épargné la peur qu'elle a ressentie.

Ce jour-là, nous nous sommes promis, à la vie à la mort, d'être toujours là l'une pour l'autre.

C'est la règle !

Explosion de saveurs
Yo, 10 ans

Chaque été, maman confectionne des bocaux. Le travail de stérilisation est gigantesque. Elle lave soigneusement une multitude de pots qui envahissent toute la cuisine. J'aime le désordre inhabituel de cet atelier culinaire. Papa a pour mission de trier, équeuter et choisir les tomates et les haricots dignes d'être conservés. Une énorme casserole est posée sur la gazinière. Je suis impressionnée par ce chantier colossal. Les yeux écarquillés, j'observe chaque étape.

Maman dépose doucement les légumes dans les bocaux, ceux-là sont scellés par un gros élastique brun orangé. Ils sont bouillis dans le stérilisateur à l'intérieur duquel j'aurais largement la place de prendre un bain. Les conserves sont ensuite soigneusement alignées sur des étagères de la cave.

Plusieurs journées sont nécessaires pour constituer le stock de réserves pour l'hiver. Ces trésors de nourriture sont cultivés par mon père, Marcel.

Marcel a le regard transparent d'un ciel d'été. Dès le printemps arrivé, il porte son vêtement homonyme, « un marcel blanc », contrastant sur sa peau tannée. Ses mains noueuses fouillent la terre tôt le matin, il a peu d'outils, son corps entier lui sert à travailler le sol prometteur de nourriture saine et variée. Accroupi, il traque les mauvaises herbes sans relâche, pour offrir à ses plantations l'espace idéal nécessaire à leur pousse. Quatre parcelles, entourées d'un muret, déterminent son potager. Je m'amuse à y tenir en équilibre, tombant parfois dans les salades vertes.

L'abondance de légumes nous offre chaque jour d'appétissantes couleurs dans nos assiettes. Le rouge des tomates, le vert des haricots, les nuances goûteuses des salades fraîches composent une farandole joyeuse, très vite dévorée par ma fringale enfantine. La patience du jardinier face à l'impatience de mon appétit me culpabilise lorsque le ventre plein, je repense aux heures de travail effectuées par Marcel. Papa a fabriqué des tuteurs assez résistants pour soutenir les tomates lourdes de soleil. Je flâne souvent au milieu des plates-bandes et, gourmande, je hume les légumes juste avant de les croquer, sans même les rincer.

Lorsqu'il faut équeuter les haricots, je grimpe sur mon vélo et disparais dans les rues du quartier. Ma sœur, bien plus docile, partage cette corvée avec maman.

Un mercredi soir, nous sommes tous assis au salon, captivés par l'émission « Le palmarès des chansons » présentée par Guy Lux. Une forte explosion éclate, nous sortant d'un seul coup de notre torpeur. « Que se passe-t-il ? » Maman affolée s'agite dans tous les sens. Papa, dans son rôle de chef de famille, cherche à comprendre d'où vient ce bruit.

Une autre déflagration se produit, puis une autre. Cela dure quelques minutes qui semblent des heures. Le bruit provient de la cave. Mon père descend prudemment, armé d'un bâton. Je me blottis contre ma sœur, pourtant pas plus rassurée que moi.

Les explosions cessent, un silence inquiétant s'installe dans la maison. Je tremble en pensant que papa peut se trouver en danger. Y a-t-il des intrus ? Des voleurs ? Sont-ils dangereux ? Qu'ont-ils bien pu voler à part la mobylette de papa ? Quelle arme à feu possèdent-ils ?

« Vous pouvez descendre, tout va bien. » Nous nous précipitons dans la cave rejoindre Marcel. Il y a du verre partout sur le sol.

Tous les bocaux ont explosé les uns après les autres. Les haricots et les tomates jonchent le sol, une pataugeoire de légumes s'étale par terre.

Maman, horrifiée, voit tout son travail réduit à néant. Papa rit de la situation, rassuré.

Moi je me dis que j'ai loupé la fin de l'émission.

De toute façon, le potager de Marcel regorge encore d'une foultitude de légumes, la récolte n'est pas terminée. Il suffit de racheter des bocaux.

L'hiver prochain sera, une fois encore, gourmand des légumes du potager de papa.

Le serre-tête
Yo, 10 ans

Estelle, une autre de mes cousines, naît lorsque j'ai six ans. Pierrot, son père et frère de Marcel, a été promu directeur de la patinoire de Mulhouse, grâce aux relations de sa femme Christine. Le week-end, nous enfourchons nos vélos pour ensuite patiner en rond sur la glace.

C'est gratuit, quelle aubaine !

Estelle grandit au milieu des patineurs. Elle devient plus tard professeure de patinage, avant d'épouser un pizzaiolo qui l'embauche, de le quitter et d'endosser le costume de gendarmette.

Étant suffisamment grande, du haut de mes dix ans, je me vois confier, par ma tante Christine, la garde d'Estelle pour quelque monnaie en guise de salaire.

Dès quatre heures, après la sortie de l'école, je marche jusqu'au domicile de ma tante, chaque jour de la semaine hormis le jeudi qui est alors le mercredi d'aujourd'hui. Lorsque j'arrive dans la maison, Christine repart à son travail ou ailleurs. Le goûter est prêt sur la table, Estelle et moi mangeons goulûment. La jolie cuisine blanche me semble immense à côté de la nôtre.

Les premiers jours, nous nous installons à la table à manger afin de lire une histoire. Consciencieusement, je prends mon rôle de gardienne très au sérieux. Au bout de quelques jours, cette rigueur s'estompe jusqu'à disparaître complètement. Je n'ai pas pour ambition de devenir sage !

Nos jeux se transforment rapidement en un chaos joyeux et nous utilisons toute notre énergie dans des bagarres et des courses endiablées. Aucun adulte à l'horizon ne freine notre enthousiasme, nous sommes libres, insouciantes et heureuses de nos batifolages.

La maison nous offre des recoins que nous explorons. L'étage nous est interdit mais nous ignorons cette requête, fière de notre rébellion. Estelle me suit partout.

Je représente pour elle la grande cousine, celle qui sait tout. Ce titre de responsable me rend aussi fière qu'un ministre. Je suis très sûre de moi. J'ai autant de pouvoirs qu'un adulte puisque Christine m'a confié sa fille. Estelle très agile, sautille de marche en marche dans l'escalier défendu.

Je fais de même, trouvant l'exercice intéressant. Cet escalier offre une proposition de jeux sans limites. Le garde-corps est construit de lattes de bois sculptées, séparées de quelques centimètres. Ses larges marches conduisent confortablement aux chambres du haut. Chez moi, l'escalier étroit ressemble davantage à une échelle améliorée qu'à des marches dignes d'un film d'Hollywood. J'adore utiliser la pente de l'escalier familial. Munie d'un oreiller sous mes fesses, je glisse du haut en bas, tressautant de marche en marche. Évidemment, je propose ce jeu à Estelle. Je lui apprends que descendre en chantant à tue-tête provoque une imitation des chansons de Claude François.

Assoiffée je cherche de l'eau dans la cuisine lorsque j'entends un cri strident. Estelle a passé sa tête entre deux balustres et ne peut plus se dégager de ce serre-tête. J'accours horrifiée mais, très vite, je me rends compte qu'il est impossible de la libérer.

Plus le temps passe, plus Estelle hurle, plus sa tête grossit. Elle est rouge et contusionnée. L'étau boisé se resserre, sa tête et ses oreilles ressemblent à une gargouille de la cathédrale de Strasbourg. Que faire ? Mon statut de ministre adulte disparaît en une seconde, je me sens toute petite et complètement perdue.

L'étreinte dure plusieurs heures. La pauvre prisonnière n'a plus la force de fabriquer des larmes. Sa panique s'estompe, elle se détend doucement. Son visage reprend peu à peu une allure normale. J'essaie alors de l'extirper de sa cage.

Ses oreilles légèrement décollées entravent le chemin de la liberté. Je passe derrière elle, appuyant au mieux sur ces freins proéminents qui l'empêche de s'échapper. Les pleurs reprennent de plus belle, les cris suivent, mais je continue ma démarche sans dévier. Hourra, enfin cette tête hurlante peut s'émanciper de la contrainte du serre-tête géant.

Je fais promettre à Estelle de ne rien dire à sa mère. Elle promet. Dès que Christine arrive, Estelle raconte sa mésaventure.

De ce jour, je ne l'ai plus jamais gardée.

Le mensonge nu
Yo, 10 ans

Laurette, diminutif affectueux de Laure, est le prénom de ma tante, sœur de mon père. J'écorche mes amygdales à chaque fois que je le prononce. Je rebaptiserais facilement Laurette en Soubrette, elle sert de bonniche à ma grand-mère.

Elle est restée célibataire. Le cordon ombilical n'a jamais été rompu, elle vit auprès de mémère, sa mère.

Laurette n'a aucune passion, elle passe ses journées près du piano dont elle ne sait pas jouer. Elle nous accueille sans joie, à l'instar de ma grand-mère, et parle très peu, qu'aurait-t-elle à raconter ? Elle ne possède pas l'élégance de sa maman, cependant elle est surprenante parfois dans ses rares affirmations. Son à-propos approximatif lui fait exprimer des pensées décalées du thème de la discussion échangée entre ma grand-mère et maman.

« Le facteur m'a dit que je suis jolie ! »

Maman fait semblant de ne pas avoir entendu, mémère ignore sa fille, et la conversation continue. Laurette est très maigre, ses épaules s'affaissent sur son torse triste, la protégeant du regard éventuel d'un prétendant. Je me dis qu'elle ne court aucun risque.

Lorsque je suis chez elle, elle surveille mes gestes scrupuleusement, comme si je risquais d'abîmer quelque chose. « Enlève tes mains du piano ! »

A-t-elle peur que je le désaccorde ? Il a pour unique fonction d'accumuler la poussière du salon.

Elle s'occupe de servir le café, orphelin de sucreries, mais parfois, lorsque j'insiste, un verre d'eau du robinet m'est offert.

« T'as vu comme je suis belle ? » « Oui, j'ai vu ! »

Ma réplique brève la ravit. Mon mensonge est inutile, je n'obtiens pas davantage de friandises, c'est donc ma seule bonté qui me dicte ma réponse.

Au fils des années, son envie de séduire, étouffée dans l'œuf, explose dans sa tête. Son esprit part se loger dans le corps d'une jeune fille en fleur. Le problème est, qu'en réalité, elle ressemble à un bouquet oublié depuis de nombreuses années au fond d'un grenier.

Qu'importe, pour elle sa séduction est si grande, qu'à chacune de nos visites de convenance trimestrielles, elle soulève d'un coup son chemisier, dévoilant deux tétons sur un torse plat.

« J'ai de beaux seins, vous avez vu ? ».

La première fois, je suis tant surprise que ma bouche reste ouverte sans émettre aucun son.

La deuxième fois, moins stupéfaite, j'espère que ce spectacle pathétique cessera.

La troisième fois, habituée, j'acquiesce, d'une voix rassurante, comme lorsque l'on s'adresse à un esprit simple.

Ma grand-mère ne cille pas, tout est étrangement normal. Maman me jette un regard désolé.

Lorsque nous rentrons chez nous, je singe Laurette pour faire rire maman.

Nous n'avons jamais dévoilé cette vérité nue à papa, par pudeur. Je ne sais pas si Laurette lui montrait aussi ses seins lorsqu'il allait la voir.

En tous cas, lui non plus n'en a jamais parlé.

Déjeuner sur verbe
Yo, 10 ans

Nous avons une chance inouïe ! Notre vocabulaire alsacien s'enrichit chaque jour grâce aux échanges musclés des voisins qui agonisent leur haine, de façon très sonore. Il m'est impossible ici de traduire les expressions utilisées, même la censure laïque me bride !

Ces échanges verbaux, tirés de la littérature populaire, sont scandés le soir tombant. L'heure de l'apéritif aidant, l'imaginaire des aboyeurs se déploie généreusement. Mes leçons d'alsacien sont parfois complétées par les dialogues courroucés de mes parents. Certaines expressions font partie du langage courant de mon frère et de ma sœur telles que « Mar mer net chissa » (*me fais pas chier*) « Los mi gheh tu totle » (*laisse-moi tranquille toi, débile*) ou encore « Gan gé chissa » (*vas donc chier*) qui fleurissent abondamment l'expression de leurs colères.

Une fin de matinée, mon frère Thierry bricole dans la cour de notre maison. Michèle et moi l'observons avec attention, prêtes à l'aider s'il nous le demandait. Maman prépare le déjeuner. Papa s'occupe consciencieusement de retirer les mauvaises herbes devant le portillon d'entrée. Il se trouve à environ trente mètres de la véranda.

C'est une journée paisible, le printemps avive les couleurs du jardin. Les trilles du merle et du rossignol nous baignent dans une sensation de plénitude.

La faim chatouille mes entrailles et j'espère entendre l'appel de ma mère pour le déjeuner. Souvent, elle crie depuis la cuisine, cela lui évite de lâcher ses casseroles. Maman a un joli accent alsacien, les sons « je » se transforment en « che », les « de » en « te » et les « a » s'installent longuement dans son palais.

Elle a une voix douce de femme très timide lorsqu'elle est en présence d'étrangers. Mais, à la maison, du haut de son mètre cinquante-cinq, elle peut développer, lorsqu'elle est en colère, une puissance vocale équivalente à celle d'un moulin à café électrique.

Je la vois débouler dans la véranda, armée de couverts, le fichu de travers, elle semble sortir d'une bataille musclée contre les knepfles (sortes de grosses pâtes). Essoufflée elle crie : « À midi, on manche ! » afin d'être entendue par papa au loin.

Mon père, du fond du jardin, se redresse d'un bond. Que lui arrive-t-il ? S'est-il blessé ? Il crie : « Was ? » Cela signifie « Quoi ? »

A-t-il prévu de déjeuner plus tard ? Est-il dérangé dans son programme de jardinage ? Quant à moi, affamée, je veux bien qu'il soit d'accord de passer à table. C'est étonnant de sa part, papa est toujours pressé de déguster la cuisine de maman.

« Was ? Lak mir am Arch ? » Papa est dans une colère folle. Pour quelle raison, au milieu des pinsons, crie-t-elle cette insulte ?

Thierry lui explique alors ce que maman a réellement dit : « À midi, on mange ! »

Et non ce qu'il a compris en alsacien : « Lèche-moi le c... », traduction littérale de « Lak mir am Arch. »

Un fou rire incoercible nous gagne tous les quatre. Mon père, soulagé, est hilare. Maman, assise sur l'escalier, a lâché ses couverts pour essuyer ses larmes. Et Thierry répète : « À midi, on manche ! » « Lak mir am Arch ! » et nous redoublons de contorsions aliénées, incapables de retrouver notre sérieux. Sous le vacarme, tous les oiseaux s'enfuient !

Durant de nombreuses années, l'heure du déjeuner est annoncée par la célèbre phrase : « Lak mir am Arch ! » Heureusement que les voisins m'ont initiée aux injures alsaciennes. Ainsi je peux rire, moi aussi, à gorge déployée de cette confusion.

Je les en remercie encore.

Premier prix
Yo, 11 ans

Je suis une élève très moyenne à l'école primaire. Je ne fais jamais mes devoirs, mon emploi du temps ne me le permet pas. Aussi ma crainte d'être interrogée s'installe, chaque matin et tout au long de la journée, au creux de mes entrailles. J'accepte ce douloureux compromis car renoncer à mes escapades après l'école est au-dessus de mes forces. Les leçons de la classe face à l'apprentissage de la vie en plein air : pour moi le choix est évident.

Je préfère les champs, les blocs en construction, les copains des cités et toutes les découvertes fantastiques qui, chaque jour, remplissent ma vie d'émotions incroyables. Parfois, la peur est au rendez-vous, un rat surgit entre mes jambes, le vertige en haut d'un arbre me fige quelques instants. Lorsque nous grimpons avec les copains en haut des poteaux électriques, la joie mêlée de crainte s'installe dans tout mon corps. Cette sensation invraisemblable, jamais je ne l'éprouve sur le banc de l'école.

Nous sommes environ vingt-cinq filles assises dans la classe de madame Seider. Elle est grande et imposante, moulée dans une jupe droite aussi sévère que son caractère. Son rouge à lèvres écarlate tache souvent sa dentition chevaline, lui dessinant un sourire de vampire. Elle porte des talons qui fouettent le sol. À chacun de ses pas, mon petit cœur sursaute. Elle arpente la classe entre les tables des élèves avec, à la main, une règle en fer qui lui a été offerte par Martine, la fille du docteur : « Papa m'a donné ça pour vous, pour punir les mauvaises élèves ! » Madame Seider a accepté ce présent : « Remercie bien ton papa de ma part. »

Parfois, ce double décimètre perd sa fonction de mesure pour devenir un instrument de torture. L'institutrice semble alors heureuse de frapper le bout des doigts de ses élèves ignares, je fais partie de celles-là. Mais elle montre de l'inventivité, ses sanctions varient. La classe rit des élèves portant un bonnet d'âne, les claques sanglantes rougissent les joues des élèves bavards, le coin au fond du couloir sert de prison aux écoliers bruyants. L'imagination sadique de madame Seider est inépuisable.

Dans ma classe, il y a Martine et Pascale, les filles de deux institutrices de l'école. Elles sont les préférées de la maîtresse qui note leurs copies avec générosité. Elles récoltent toutes les éloges. Leurs devoirs sont cités en exemple et, très souvent, madame Seider invite ses petites chéries à lire leur prose à voix haute devant toute la classe. Fières, à tour de rôle, elles se lèvent et nous font découvrir leur travail. Parfois, en les écoutant, je trouve que c'est vraiment nul !

J'adore écrire des histoires. Pour la fin du trimestre, je propose à madame Seider de revisiter Barberousse et d'en créer une pièce dans une version personnelle. J'attribue plusieurs rôles à mes copines de classe, oubliant dans ma distribution Pascale et Martine.

Bien sûr, je joue le personnage redoutable du corsaire. Ma mise en scène nécessite une dizaine de comédiens. J'écris les rôles de chacune, trouve des accessoires pour la pièce. Notre représentation devant le reste de la classe est ovationnée. Madame Seider se montre subjuguée par ce spectacle. Pour terminer, en rang et nous tenant la main, nous saluons la salle en nous inclinant, tels les véritables comédiens que j'ai vus à la télévision.

Quel succès, quelle joie pour moi et ma troupe ! La classe se vide doucement, la cloche a sonné.

Je suis heureuse de ce succès, fière d'avoir réussi à plaire à notre public. Madame Seider me demande de rester un moment après la classe.

Toutes les élèves sont parties, je me retrouve seule face à cette maîtresse imposante.

« Voilà, je voulais te dire bravo pour ta pièce. »

Cette phrase me remplit de joie, moi qui suis une élève si peu considérée. Je suis donc étonnée du compliment que ma maîtresse d'école me fait, ce jour-là, à l'issue de la représentation.

« Je voulais te donner le premier prix de français, mais il ne faut pas que tu le dises au reste de la classe. »

Madame Seider me tend trois gros livres de Roger Frison Roche. Quelle joie, quelle fierté pour moi ! Je promets de ne rien dire aux autres.

« Tu comprends, il y a les deux filles des institutrices dans la classe, je ne veux pas qu'elles sachent que je t'ai donné ces livres comme récompense. » Oui bien sûr, je comprends du haut de mes onze ans. Une sorte de complicité m'est offerte par ce dragon de maîtresse à la bouche rouge comme la violence du sang qui coule.

Je promets donc, et rentre chez moi, chargée de mes trophées.

J'explique à maman que ce premier prix de français est confidentiel, que madame Seider m'a priée de ne rien dire afin de ne pas provoquer de jalousie. Elle s'étonne, sans pour autant se rebeller face à cette injustice. Dans les années 70, les maîtres d'école sont respectés et craints, en tous cas dans mon milieu.

J'en voudrai éternellement à madame Seider !

Je me dirai toujours que si je devais la croiser un jour, je lui tartinerais son rouge à lèvres rouge sang jusqu'aux oreilles…

La poursuite
Yo, 11 ans

Pour entrer en sixième, mes parents m'ont offert une bicyclette blanche. Elle est magnifique. Chaque matin, je cherche Anne, ensemble nous faisons le trajet par tous les temps. Nous passons par un raccourci qui longe le canal du Quatelbach, effrayant les oiseaux à notre passage. Ce chemin bucolique nous met en jambe, et nous ne cessons de piailler, dérangeant cette nature tranquille.

Chaque midi, j'ai pour mission d'acheter le bon pain de chez Reinardt, cette boulangerie se trouve à côté du collège. « Achète un kilo. » De ce kilo, il n'en restera que la moitié, une fois arrivées à la maison. Nous arrachons la mie tiède. Les joues gonflées, nous continuons nos bavardages. Je pédale me tenant d'une seule main, portant le pain de l'autre, et lâche régulièrement le guidon pour goûter ce mets délicieux. Lorsque nous arrivons chez moi, nous ne pouvons cesser de nous raconter nos anecdotes. Maman sort souvent pour interrompre nos débats, elle attend le pain du déjeuner. Elle sourit de notre fringale quotidienne, comprenant l'attrait immense de cette tentation irrésistible. D'ailleurs, je mange ensuite mon déjeuner avec autant d'appétit qu'une bête féroce à la diète.

J'adore me balader seule à vélo, explorer d'autres quartiers, découvrir d'autres chemins. La curiosité efface la crainte de l'inconnu. Mes escapades se rallongent, je prends de l'assurance à chacune de mes sorties.

Un matin, j'annonce à maman mon souhait d'aller rendre visite à Marylène, ma marraine. Elle habite à Richwiller, cela fait plus de dix kilomètres. Cette virée représente un véritable défi, jamais je n'ai été aussi loin toute seule. Maman m'encourage. De toute façon, elle sait que face à ma détermination, aucun argument ne trouve sa place.

Me voici donc enfourchant ma monture de fer. Fière comme une conquérante, je démarre ma balade pleine d'excitation.

Je me tiens droite, gonflant mes poumons, prête à affronter l'inconnu et ses dangers. Le vent taquin chatouille mon visage, mes cheveux en bataille dansent au rythme du chaos de la route. J'exulte, la liberté, l'aventure solitaire me rendent invincible et le monde entier ne me fait pas peur. Toutes mes craintes s'envolent comme les hirondelles qui accompagnent ma route. Quelle sensation exceptionnelle !

Je chante joyeusement, les bosses et les trous de l'asphalte font tressauter ma voix. Je ris toute seule comme une possédée, cette expédition me plonge dans l'allégresse.

Sur un chemin de terre, je croise un homme sur une mobylette. Je lui souris et lui dis bonjour. Il me répond avec un accent arabe, semblant étonné de mon salut. Je continue ma promenade, pédalant tranquillement. Un bruit de moteur me fait tourner la tête. L'homme au teint basané a fait demi-tour pour me rejoindre. Je suis surprise, et lui demande ce qu'il veut.

Il me répond de manière incompréhensible, je rétorque que je préfère continuer ma route toute seule. Je pédale un peu plus fort, pensant qu'il comprendra mon mécontentement. Mon sourire a disparu, j'affiche une mine renfrognée. Malgré cela, l'homme à mobylette continue de me suivre. La peur me gagne peu à peu. Je fonce à présent, mes jambes pédalent à toute vitesse. Je fuis cet individu bizarre et inquiétant. Il poursuit son intimidation, je fonce tête baissée appuyant au maximum de mes forces sur les pédales. Le souffle court, le cœur battant à se rompre, je réussis à rejoindre la route. L'homme effrayant ne me lâche pas d'une semelle. Je pédale en danseuse essayant de le semer, ma lutte face au moteur de son engin est vaine. Il s'amuse à me dépasser, puis freine afin de reprendre sa place derrière moi. Je suis en panique, je crois avoir gagné ce jour-là mon record de vitesse à vélo.

Tout en pédalant, je me demande si c'est mon bonjour qui a incité le prédateur à me poursuivre. Devons-nous ignorer la politesse afin d'être tranquilles ? Est-ce que sourire signifie « Suivez-moi » ? Je suis stupéfaite de ce qui m'arrive. Horrifiée de comprendre que je dois me méfier des autres, alors qu'innocemment j'ai partagé la joie de ma balade. Exprimer du contentement face à cet individu a déclenché une scène digne d'un film d'horreur.

J'arrive enfin dans la rue où habite ma marraine. Je crie « Marylène, viens vite, un monsieur m'embête ! » Elle arrive affolée : « Qu'est-ce qui se passe ? » Le gars en pétrolette accélère immédiatement. Il disparaît sans se retourner. Marylène me rassure : « Il ne t'embêtera plus, mais pourquoi es-tu venue toute seule ? C'est dangereux ! »

Je prends un goûter mérité, épuisée par ma course. Je reste peu de temps, impatiente de repartir dans l'autre sens, et de retrouver ma maison protectrice.

Jamais plus je n'ai souri à un inconnu lorsque j'étais seule à vélo.

Madame Saint-Georges
Yo, 12 ans

Madame Saint-Georges a trois enfants. Maxence, l'aîné et deux jumelles, Aude et Sabine. Elles ont mon âge et je deviens leur amie lorsque je les rencontre en sixième. Il est impossible de les identifier tant elles se ressemblent. Elles revendiquent cependant d'être dizygotes.

Aude m'invite chez elle un jeudi après-midi. J'arrive à vélo à l'adresse indiquée. Je sonne, impressionnée par l'imposante maison et son grand jardin. Le portail s'ouvre comme par magie, il est électrique. Aude m'accueille, suivie de Sabine.

Madame Saint-Georges apparaît dans l'entrée. Je crois apercevoir Endora, la maman de « Ma sorcière bien-aimée. ». Cette série américaine en noir et blanc est diffusée depuis 1965 à la télévision française et nous nous régalons des pouvoirs magiques de cette famille de sorciers. Samantha, l'héroïne, est une charmante sibylle qui, en bougeant le bout de son nez, peut lancer un sortilège. Madame Saint-Georges est maquillée d'un long trait d'eyeliner noir qui prolonge son regard jusqu'aux tempes. Sa bouche écarlate, dessinée à l'excès, ses pommettes hautes accentuées de rose, ses vêtements fluides et amples sont identiques à la panoplie d'Agnès Moorehead, l'actrice qui joue le rôle d'Endora dans le feuilleton. C'est la première fois que je rencontre une femme aussi apprêtée.

Les jumelles m'accompagnent jusqu'à leur vaste chambre. Trois fenêtres éclairent abondamment la pièce. De nombreux placards de bois blanc courent sur tout un mur. Les filles, comme les appelle madame Saint-Georges, m'invitent à fouiller dans leurs affaires. Nous nous amusons à faire des essayages, les robes et pantalons s'amoncellent sur les lits. Je découvre un univers d'abondance, je suis émerveillée de tant d'aisance.

« Les filles, Yolande, venez prendre un goûter ». La voix pointue de madame Saint-Georges résonne jusqu'à l'étage. Nous descendons précipitamment, affamées par nos efforts.

La cuisine de bois blanc est équipée. Pour moi, cela témoigne d'un luxe inouï. Chez nous, comme dans toutes les cuisines que je connais, les meubles en formica trônent fièrement.

La table est dressée, notre goûter copieux a été soigneusement déposé sur une jolie nappe blanche. Il y a du coca. C'est la première fois que j'en bois. Je découvre également des chips, du pain d'épice Prosper, et d'autres friandises que j'ai aperçues dans les réclames à la télévision.

Quel festin, les saveurs inconnues enchantent mon palais.

Amusée de mon air subjugué, Madame Saint-Georges m'invite à découvrir son dressing. Je ne sais pas ce que cela signifie mais je la suis, curieuse de ma prochaine découverte. Un vestiaire aussi grand que ma chambre à coucher s'ouvre sous mes yeux ébahis. J'ai l'impression d'être dans une boutique, les portants croulent sous le poids des vêtements.

Presque chaque semaine, je passe du temps avec les jumelles. Leur frère Maxence est excentrique et pédant. Il a cinq années de plus que moi et semble tout savoir sur le monde. L'hiver, il porte un long manteau de fourrure et masque son visage de lunettes noires. Sa présence, rare heureusement, me dérange. J'ai l'impression qu'il me méprise.

Au contraire, monsieur Saint-Georges est charmant. Il a un travail très prenant. Cependant, les rares fois où je le vois, il m'adresse de jolis compliments.

Un samedi soir d'octobre, Madame Saint-Georges a envie de sortir en boîte de nuit. Son mari étant parti en mission, elle nous propose de l'accompagner. Nous avons douze ans à peine.

Maman m'autorise à dormir chez mes amies, et nous voilà toutes les quatre partantes pour danser. Les jumelles me prêtent une jupe et un joli chemisier. Moi qui cours toujours en pantalon et grosses godasses, je me sens déguisée. « Tu ne peux pas sortir en boîte habillée comme ça ! » Voilà pourquoi j'accepte cet accoutrement, ainsi que des chaussures qui me font souffrir toute la soirée.

Nous arrivons toutes excitées au Doyen, la boîte de nuit branchée du moment. Madame Saint-Georges commande un whisky et nous offre des sodas. La fumée des cigarettes pique mes yeux. La piste de danse est bondée et je me demande comment bouger au milieu de tant de monde. Les décibels saturés de la musique empêchent nos conversations. De toute manière, nous n'avons pas envie de parler, le rythme endiablé des tubes à la mode entraîne nos corps dans une chorégraphie agitée.

Aller en boîte devient habituel, l'attrait du monde de la nuit me séduit. Je me sens grande. Dans ma classe, nous sommes les seules à sortir le samedi soir. Cela nous confère une sorte d'admiration de la part des autres élèves. La solitude de madame Saint-Georges m'arrange bien. Moi et ses filles, nous lui servons de chaperons lors de ses virées nocturnes.

Cependant, dès que je trouve une amie plus âgée qui peut me conduire dans mes escapades, j'abandonne « Endora de Sausheim ».

Je me sens tout de même plus libre sans son regard ourlé de noir qui veille sur moi.

Isenfluh
Yo, 12 ans

La Suisse, les Alpes, la belle montagne de la Jungfrau… Marc, mon parrain très pieux, m'a offert un séjour dans ce lieu magique. Cela me détourne des colonies de vacances de l'usine de papa, mais ce qui achève de me convaincre d'y aller, c'est qu'Anne peut m'accompagner. Je perds cependant quinze jours d'escapade car ce séjour ne dure que deux semaines alors que les colos se déroulent durant un mois entier.

Les parents d'Anne nous conduisent donc à Isenfluh, prononcé à l'allemande « Isenflouh », camp de vacances religieux. Sur la route, Paul, le père de mon amie, s'arrête pour acheter des yaourts. Nous découvrons avec joie le format « spécial géant » du laitage, inconnu en France. Paul trempe une première cuillère dans le pot de cinq cents grammes, pendant que nous attendons sagement notre tour pour goûter au délicieux lait caillé fruité. J'ai peur qu'il ne dévore tout, il est si grand et semble tant apprécier ce dessert, que j'espère qu'il en laissera une cuillère pour moi.

Nous arrivons dans le petit paradis du bourg d'Isenfluh. À plus de mille mètres d'altitude nous nous approchons du seigneur, mais cela nous allons le découvrir un peu plus tard.

Ma première déception est qu'Anne ne loge pas sous ma tente. Nous sommes séparées, peut-être parce qu'elle a un an de plus que moi. Dès mon arrivée, ce fameux paradis ne tient donc pas ses promesses.

Notre accueil est célébré par une sorte de pasteur, il nous explique le « déroulé » de notre séjour. Dans l'organisation, je comprends que notre petit déjeuner ne sera servi qu'après la prière collective du matin. Deuxième inconvénient, je me réveille toujours affamée.

Je vois Anne sympathiser immédiatement avec une petite brune boulotte qui vient du canton de Vaud. Son accent charmant et son sourire radieux captivent mon amie qui semble m'avoir déjà oubliée. Décidément, cet Eden perché dans la montagne me semble de plus en plus morose par rapport à l'attrait des colos en bord de mer et sans sermon.

Après nous être installées, nous sommes attendues pour le déjeuner. Les morceaux de pain sont rationnés, l'unique plat est frugal, le dessert indigne de ce nom.

Une promenade digestive mal nommée nous est imposée pour pouvoir réfléchir aux lois du seigneur. Pour ma part, je ne peux me concentrer que sur l'espoir d'un dîner plus appétissant.

Cela n'arrive pas. Nous aurons d'ailleurs réellement faim durant tout le séjour. Cela fait-il partie de la leçon afin de nous rapprocher de Dieu ? Je rêve d'une tartine, des gâteaux de maman, d'une souris en caramel dur. Nous affamer est-il un moyen de nous endoctriner en nous affaiblissant ? Ou simplement le bénéfice est-il plus avantageux pour les organisateurs en rognant sur l'achat de nourriture ?

Les jours passent, identiques, les seules activités sont réduites à la promenade et à l'homélie du pseudo diacre.

Nous sommes réunies en différents cercles, assises dans l'herbe, et écoutons solennellement le discours de la parole de Dieu.

Un soir, Anne sanglote à s'étouffer. « Qu'est-ce que tu as ? » « T'es malade ? » J'essaie vainement de la consoler. « C'est à cause de moi que Jésus est mort sur la croix ! »

Elle m'explique, fébrile, que le doigt tendu et accusateur du prêcheur l'a désignée, elle, mon Annala, comme étant responsable de la mort du Christ. Les péchés de chacune de nous, ici présentes, sont la cause de la crucifixion. Nous devons toutes expier nos fautes, porter le fardeau du remords et nous faire pardonner chaque jour afin d'accéder au paradis.

Je suis horrifiée. Comment consoler mon amie, pourquoi a-t-elle été montrée du doigt ?

Le lendemain, je lui propose une petite promenade à travers les champs situés plus bas. Je me dis que nous avons besoin de nature et de solitude afin de retrouver un peu de joie.

L'unique représentant masculin est le prêcheur acariâtre et laid qui nous accuse quotidiennement de l'assassinat de Jésus.

Pendant notre promenade, nous apercevons au loin la silhouette virile d'un jeune homme.

« Regarde, un garçon là-bas, allons le voir et lui parler. » Anne, émoustillée comme moi, aimerait le rencontrer. Nous rions bêtement, imaginant le paysan souriant qui nous inviterait à lui tenir compagnie. Les gloussements et les rires libèrent toute l'austérité emmagasinée depuis le début de la colonie de vacances. « On ne peut pas y aller, c'est un péché et on sera punies par Dieu. » Par ces mots, Anne nous ramène en une seconde face à la peur du créateur.

Nous sommes complètement imbibées par les idées frustrantes de la religion protestante. Heureusement que ce camp ne durera que deux semaines !

Lorsque je rentre chez moi, en deux secondes, j'oublie les menaces divines en dévorant de la tarte aux quetsches à la cannelle. Anne ne ressent plus la honte de sa culpabilité.

En revanche, elle échange, de nombreux mois durant, une correspondance avec son amie du camp, cela m'agace beaucoup. Un jour, elle me fait lire l'une de ses lettres, bourrée de fautes et complètement inintéressante. Je suis rassurée.

L'année suivante, je retourne joyeusement rejoindre mes copains de la colonie de vacances bretonne de la SACM.

Canicule
Yo, 12 ans

Le meurtre des Perreux s'est déroulé à deux cents mètres à peine de notre maison. En sortant de notre cour, à droite, puis à gauche, nous arrivons sur le lieu de l'horreur.

Quelques années plus tard, c'est en sortant de chez nous, cent mètres à gauche, qu'un autre évènement dramatique se déroule.

Il fait très chaud, l'été caniculaire rend la population paresseuse. Le soleil cruel brûle la végétation. Les bruits de la ville s'éteignent sous la touffeur.

L'agitation quotidienne des journées a fait place à un silence anormal. Tout semble figé, l'air raréfié provoque la lenteur de nos gestes.

Je suis affalée sur le canapé du salon. La maison silencieuse ronronne.

J'entends un bruit sec, rapide. Je quitte le salon pour questionner maman. « Ce n'est rien, reste où tu es, il fait trop chaud pour sortir au soleil. » Le silence reprend sa place. Dans la moiteur, je retrouve, lascive, une inactivité plaisante. Le vacarme des sirènes me réveille en sursaut. Les nombreuses voitures de police présagent certainement un drame près de chez nous. Maman part rejoindre les voisines qui déjà se regroupent dans la rue. Je regarde par la fenêtre sans comprendre ce qui a bien pu se passer. J'entends des « Non, ce n'est pas possible ! » « Quelle horreur ! » « Qui est mort ? » Je vois maman porter ses mains sur son cœur, la bouche en o, le regard effaré. N'y tenant plus, je sors la rejoindre, le suspense est trop grand, mêlé à une angoisse grandissante. L'air est saturé de fumée, les badauds affolés oublient les effets de la chaleur insupportable. Chacun y va de son explication, de sa théorie. « C'est une voiture, elle a explosé » « C'est un attentat », « C'est la mafia ».

La voiture en question brûle encore, les pompiers dirigent leurs lances à incendie vers les flammes assassines. Nous avons compris qu'il y a quelqu'un dans le véhicule.

La nuit qui suit, je fais des cauchemars. J'imagine un règlement de compte comme pour la famille des Perreux. Notre quartier est-il le berceau de clans inhumains ? Risquons-nous de subir les dégâts d'autres attentats ? Nos voisins sont-ils des truands ?

Le lendemain, nous apprenons le décès d'une femme et de son fils dans l'explosion de leur voiture. Au cours de l'enquête, les policiers trouvent les restes d'un aérosol. Celui-ci, sous la chaleur torride, a fait exploser l'automobile au moment de son démarrage. Son mari est suspecté d'assassinat puis innocenté rapidement. Toute la presse s'empare du fait divers. J'oublie mes craintes de gangs cruels et de voisins voyous mais, pour moi, les aérosols seront à jamais bannis d'un véhicule.

Les jours suivants, je retourne à l'endroit de l'accident. Le temps a gommé les traces de l'explosion. Tout a disparu, pulvérisé dans le ciel de Modenheim.

On pourrait croire que rien ne s'est passé.

Le bras
Yo, 13 ans

Un matin d'été Thierry, sans que je m'y attende, me demande : « Tes affaires sont prêtes ? » Je comprends immédiatement qu'il m'emmène en vacances. En quelques minutes, je prépare mon sac, et nous partons dans son Amie 6 bleue.

Je ne connais pas notre destination, mais il peut m'emmener n'importe où, l'important pour moi est d'être avec lui. C'est la première fois que nous partons tous les deux. Dans la voiture, je me demande de quoi nous allons parler. En dehors des bavardages du quotidien, nous échangeons très peu, notre différence d'âge est trop grande. Ces sept années sont un gouffre, nous sommes dans un monde différent. Je pense que Thierry me voit comme un bébé, alors que j'estime avoir déjà la maturité d'une adulte. Nous sommes en 1974, mes petits secrets féminins du haut de mes quatorze années, je ne peux les partager avec ce grand frère.

Il représente davantage l'autorité parentale que la complicité fraternelle. Il travaille déjà, son poste de banquier accentue son aplomb. Lui raconter mes découvertes de pré-adolescente est complètement inimaginable. Je suis rapidement rassurée, Thierry parle tout au long du chemin. Pour me faire rire, à chaque virage nous conduisant au refuge suisse du Stechelberg, il crie : « Yiiiiiiiannng ». Je ris de ce bruitage paradoxal. En effet, il conduit doucement, mimant le bruit d'une voiture de course.

Le paysage alpin s'offre à nous lorsque nous arrivons. Cette nature généreuse et sauvage me séduit immédiatement.

Pourtant ce n'est pas ce qui me frappe le plus. Une fois notre paquetage installé, nous croisons un jeune couple de Marseillais. Leur accent chantant contraste avec la lenteur des sonorités suisses. La jeune femme brune, malgré sa petite taille, se tient légèrement voûtée. Son compagnon a fière allure. Il parle fort, plaisante sans cesse. Je le vois avaler goulûment un grand verre de crème fraîche abondamment sucré. Il me dit d'éviter de faire de même au risque que je devienne grosse comme une baleine. Je me demande à quoi il ressemblera plus tard.

Tous deux, sans hésitation, au bout de quelques heures à peine, nous invitent chez eux à Marseille. Thierry accepte sans embarras, et nous partons trois jours plus tard pour la cité phocéenne. Thiery reprend son imitation de bolide durant la descente des virages alpins.

Nous arrivons chez nos nouveaux amis. L'appartement exigu se trouve dans un HLM.

Il est sombre afin de conserver un peu de fraîcheur au cœur de cet été torride. Nous partons tous dans les calanques. Pour moi, c'est une découverte. L'Alsace étant à l'opposé des paysages marins, je suis fascinée et éblouie par les couleurs profondes du ciel et de la mer. Lorsque nous arrivons sur la petite plage, je saute dans mon maillot de bain et en courant, je plonge dans l'eau de mer saisissante. J'exulte de bonheur, c'est le paradis.

La jeune femme me rejoint et nous crions toutes deux, battant l'eau autour de nous. Mes bras frêles tapent les flots, de mes mains je pousse des petites vagues sur ma compagne de jeu. Le jeune homme, j'ai oublié son prénom, nous rejoint en courant lui aussi.

Aveuglée par les bouillons et l'écume, je ne fais pas attention à sa venue. Nos jeux aquatiques, bouleversant le calme marin, m'obligent à fermer les yeux sous l'attaque du sel. Enfin épuisée de batailles et de batifolages, je m'écroule sur ma serviette de plage.

Thierry me rejoint, la compagne du jeune homme également. Lorsque notre ami sort de l'eau lui aussi, je suis étonnée du déséquilibre de son corps. C'est seulement à ce moment-là que je réalise le pourquoi de sa manche flottante.

Il est né avec un seul bras. Cette triste réalité écrête la joie de ma journée fantastique.

C'est la première fois que je me trouve face à un tel handicap. J'en suis peinée. Trente secondes plus tard, j'oublie cette tristesse, il a l'air tellement heureux.

Pattes d'éléphant
Yo, 14 ans

Michèle et moi avons des jambes de cigogne et une taille de guêpe. Dans les années 1970 apparaît la mode des pantalons pattes d'éléphant. Ce paradoxe ne nous empêche pas de harceler maman pour qu'elle économise de quoi investir dans notre caprice. Elle cède malgré le coût, inadapté à son budget.

Il faut pouvoir rester en apnée de longues heures afin de supporter l'étroitesse du pantalon. L'unique largeur se trouve à la hauteur des mollets pour recouvrir complètement nos chaussures. Cette mode est inspirée du vêtement de travail des marins, qui retroussaient facilement leurs pantalons lorsque le pont était inondé. Le côté pratique n'existe pas pour nous. Sur nos vélos, le large tissu s'accroche au pédalier. L'achat de pinces à vélo est impératif pour nous préserver des chutes.

J'enfile immédiatement l'habit bleu électrique « à l'aide d'un chausse-pied. » Ainsi parée, je marche fièrement dans le quartier, espérant l'admiration des voisins. Michèle choisit la couleur d'un rouge éclatant. Je vais sonner à la porte de mon amie Anne, exhibant ma tenue à la mode.

« Ouaouwww, super, comment t'as fait pour rentrer dedans ? ».

Nous décidons d'aller danser le samedi soir suivant. L'occasion est trop belle. Danser, si possible, dans une tenue à la mode, mérite une fête à la hauteur de l'évènement.

La préparation est le moment le plus réjouissant. Du bleu sur les yeux, « Ça me va ? » « Oui moi je mets du vert. », « Et mes cheveux ? ». Nos préoccupations esthétiques sont fondamentales. Après le maquillage est venu le moment de s'habiller. Anne choisit une robe fleurie, splendide, confectionnée par sa maman. Nos pantalons bleu électrique et rouge écarlate sont posés soigneusement sur le lit. Je me couche à terre pour commencer l'ascension des chevilles jusqu'à la taille. Le ventre creusé au maximum, les poumons vidés, j'agrippe le tissu rigide, me tortillant comme un serpent afin d'atteindre mon but : fermer la fermeture éclair située dans le dos. Lorsqu'enfin je réussis mon exploit physique digne d'un sportif de haut niveau, Michèle me dit : « On voit la marque de ta culotte ! » L'horreur de cette révélation détruit tout mon enthousiasme. D'un coup, d'un seul, j'imagine le ridicule de la situation, les rires moqueurs de la foule. Impossible de sortir comme ça. Mais alors que faire ?

« T'as qu'à enlever ta culotte ! » Anne a raison. Mais oui, voilà la solution, celle qui va sauver ma soirée.

Nous partons ainsi toutes les trois au Club 1900. L'entrée est gratuite pour les filles. Les boissons en revanche sont payantes, nous n'avons pas d'argent. Nous allons régulièrement boire l'eau du robinet dans les toilettes. Comme nous dansons tout le temps, le serveur ne nous propose pas de consommation. La jolie robe d'Anne virevolte au rythme de la musique. Michèle et moi sommes guindées dans nos armures.

Emprisonnés des genoux à la taille, nos corps sont rigides comme des soldats en défilé. Notre mission est accomplie, se pavaner en « pattes d'èph ».

Anne, toute la soirée, a eu peur que mon pantalon ne se déchire, et qu'apparaissent mes fesses impudiques.

Le tissu robuste m'a préservée de ce danger.

La gifle
Yo, 14 ans

La société alsacienne de construction mécanique, où travaille mon père Marcel, offre aux enfants de ses employés des séjours en colonies de vacances. J'y vais dès l'âge de cinq ans, tous les mois de juillet. Nous sommes un petit groupe à nous donner rendez-vous pour l'année suivante. À quatorze ans, je me retrouve avec mes amis à Sarzeau, en Bretagne. Nous campons sous une tente immense, logés en rangs d'oignon sur des couches en paille. Chaque soir, avant de dormir, nous chassons les perce-oreilles qui envahissent nos sacs de couchage.

Patrick, le moniteur de notre groupe, est un jeune homme d'une vingtaine d'années, bronzé, le sourire ravageur accentué d'une belle moustache. J'en tombe amoureuse immédiatement. Bien entendu, ce n'est pas réciproque.

Il me donne pourtant son adresse à Paris, et je lui écris de nombreuses lettres, une fois rentrée en Alsace. J'attends ses réponses avec l'impatience de ma puberté. Il me répond gentiment, me racontant sa vie parisienne.

Une des sœurs de papa, Pascale, habite à Paris.

Je n'ai pas besoin d'arguments pour convaincre Michèle de lui rendre visite. Nous la connaissons peu, mais elle accepte de nous accueillir chez elle.

Mes parents nous offrent le billet de train et l'aventure commence pour ma sœur et moi. Michèle sort tout juste de l'hôpital où elle s'est fait opérer du pied. Elle chausse des sabots, ne pouvant supporter d'autres chaussures. Son médecin lui a prescrit un arrêt maladie et peu de marche. Michèle travaille dans une entreprise de bâtiment, elle est standardiste. Ces congés forcés tombent à pic. Nous avons tout le temps de voyager dans la capitale que je ne connais pas. Paris, quelle aventure, quelle découverte !

À quatorze ans, c'est pour moi un voyage extraordinaire. Pour ma sœur également, le coût des voyages n'étant pas adapté à nos bourses, l'occasion est parfaite. Nous serons logées, nourries et Patrick, mon moniteur, nous guidera dans les visites de la capitale. Je lui ai écrit que nous venions, il a aussitôt proposé de nous consacrer du temps.

Nous arrivons à la gare de l'Est. Gilles, mon oncle, nous attend sur le quai. C'est un homme râblé, au cou épais, au ventre porté en étendard. Il a l'assurance d'un patriarche.

Je me dis immédiatement qu'il ne doit pas être aussi conciliant que mon père. J'oublie vite mes impressions, excitée par la découverte de Paris. Mon oncle nous promène dans sa voiture à travers la ville, nous faisant des commentaires sur les monuments et les quartiers. Je suis subjuguée, j'ai envie de courir dans les rues, de grimper sur la tour Eiffel, de partir au hasard. Nous allons d'abord dans leur appartement à Créteil. Ma tante nous y attend.

Elle a préparé des pâtes pour le déjeuner. Michèle et moi regrettons déjà la cuisine de maman. Pascale, la cigarette coincée au coin de sa bouche, cligne des yeux pour éviter la fumée. Sur son visage grisé par le tabac, sillonnent des rides en rigole. Elle ne semble pas vraiment heureuse de notre visite. Ses deux fils, nos cousins, fument sans cesse et, comme leurs parents, apprécient les alcools. Une odeur encrée de tabac imprègne tout l'appartement. Michèle et moi avons l'habitude de vivre dans une maison impeccable, la saleté du logis parisien nous écœure.

Le déjeuner terminé, ma tante nous montre fièrement notre arbre généalogique. La famille Galop de Froissard, depuis 1495, s'inscrit pompeusement dans un magnifique livre ancien. Les armoiries illustrent la couverture de cuir, les pages jaunies racontent l'histoire familiale. Michèle demande pourquoi Pascale possède cette relique, puisque Thierry, notre frère, est à présent le seul Galop de Froissard légitime. Ma tante referme immédiatement l'ouvrage ancestral et le range dans la commode du salon.

Gilles, mon oncle, nous propose de faire un tour du quartier. Nous acceptons, soulagées de sortir du logis sinistre. Je vois une cabine téléphonique et j'en profite pour appeler Patrick. Il nous attendra le lendemain au pied de la tour Eiffel. J'en informe mon oncle. « Il n'en est pas question ! Vous restez toutes les deux avec nous. » Sa réponse semble sans appel.

Lorsque nous retournons auprès de ma tante et de mes cousins, Gilles furieux dit à sa femme que nous voulons partir seules à Paris, rejoindre un ami !

Ma tante outrée hurle « Non mais ce n'est pas possible, t'as été élevée par qui ? » Du tac au tac, je lui réponds « Par ton frère ! »

Je ne comprends pas ce qui arrive la seconde suivante. Ma tête se décroche de mon corps, je vois quelques étoiles, ma joue droite semble dissociée de la gauche. Je n'ai jamais ressenti ça auparavant, que se passe-t-il ?

Une gifle !

Mon oncle, de toutes ses forces, m'a frappée. Lorsque je réalise la violence de cet acte, sans une larme malgré la douleur cuisante, je fixe mon oncle avec arrogance. Sans un mot, Michèle et moi regagnons notre chambre. Là, je fonds en larmes de colère. Ma sœur imagine immédiatement notre évasion. Rester dans ce lieu maudit, il n'en est pas question.

Nous entendons Pascale téléphoner à papa. Elle se plaint de notre comportement, j'en profite pour arracher le téléphone de ses mains et expliquer à papa que mon oncle m'a battue. Il se met en colère et demande à parler à Gilles « Ça va pas la tête, espèce d'idiot, je t'interdis de toucher à ma fille ! ».

Dans notre chambre, Michèle a refait nos bagages. Nous devons absolument nous échapper.

« L'arbre généalogique ! Faut le prendre pour Thierry. » Michèle essaie discrètement de le chercher, en vain. Tant pis, nous partirons sans.

Gilles et Pascale sont en pleine conversation avec leurs enfants dans la cuisine. C'est le moment idéal pour fuir. Tout doucement, nous allons jusqu'à la porte d'entrée. La porte se referme violemment derrière nous, j'entends mon oncle crier : « Vous allez où ? »

« Vite, appelle l'ascenseur ! » Michèle appuie sur le bouton comme une forcenée, imaginant ainsi qu'il arrivera plus vite. La porte se referme à temps, juste au moment où mon oncle essaie de nous empêcher de partir.

Une fois dans la rue, nous ne savons pas où aller. Avec notre bagage et Michèle qui boite, notre fuite est compromise. Nous perdons du temps dans nos hésitations, quand soudain une voiture se rapproche de nous. C'est Gilles qui nous pourchasse. « Venez ici sales gamines ! » crie-t-il à travers la vitre.

Aucune indécision n'est plus possible. En courant, nous montons dans un bus, ignorant totalement sa destination. Notre oncle nous suit encore. Comment s'en débarrasser ? Cela dure une bonne demi-heure. Le bus s'arrête devant une station de métro.

Voilà le moyen de nous sauver ! Nous descendons dans la galerie et fonçons dans le premier RER qui arrive. Soulagées, nous avons semé cet homme horrible et sa famille de tabagiques assoiffés.

D'une cabine téléphonique, Michèle appelle papa pour lui expliquer que nous sommes reparties de chez sa sœur. Il dit que nous avons raison. Je téléphone à Patrick pour lui raconter notre mésaventure. Spontanément, il nous invite chez son père où il habite.

Notre rendez-vous à la tour Eiffel est avancé d'un jour. Michèle et moi ne connaissons rien à la vie parisienne et encore moins à l'utilisation du métro. Lorsque nous sortons enfin de la station, ahuries, nous nous rendons compte que nous sommes revenues à notre point de départ. Pliées de rire, nous arrivons malgré tout à notre rendez-vous.

Dans la petite maison charmante et proprette, nous nous sentons enfin en sécurité. L'accueil du papa de Patrick est chaleureux. Quelle gentillesse, cela nous change de la veille.

Le matin, au petit déjeuner, je découvre les céréales. Je n'en ai jamais mangé. Quel délice !

Nous visitons Paris durant quatre jours. Michèle ne se plaint jamais de son pied, elle suit la marche, chaussée de ses sabots.

Puis le jour du départ arrive. Je suis affreusement triste de partir. Patrick m'offre un Pierrot géant qui a pour but, selon lui, de me consoler. Je le conserverai pendant des années.

Michèle, au retour du voyage, doit se faire réopérer de son pied. Cette fois-ci, elle refuse toute expédition pendant son arrêt de travail.

Je vous le confirme
Yo, 14 ans

Maman est catholique, papa protestant. Nous avons le choix de notre religion, cela leur est égal. À l'école, nous avons l'obligation, à chaque rentrée, d'indiquer notre culte. Nous pouvons choisir entre catholique, protestant ou instruction civique. Je change donc régulièrement ma foi. Lorsque j'ai une copine catholique, je l'accompagne. Si, à la rentrée suivante, mon amie est protestante, je n'hésite pas à me convertir. La plupart du temps, je prends l'option « instruction civique » et me retrouve avec les amies de confessions musulmane, juive ou athée.

À l'âge de douze ans, mon parrain Marc me suggère de faire ma confirmation. J'ai deux ans pour suivre les cours afin de pouvoir être bénie par le pasteur, et recevoir une super montre en cadeau. Les dimanches matin, je pars à vélo rejoindre la classe des futurs confirmés. Au début, cela me plaît beaucoup. J'y vais avec impatience afin de suivre les épisodes de l'Ancien Testament. Le pasteur est un piètre narrateur mais les intrigues sont passionnantes.

Certains dimanches cependant, me lever tôt et pédaler dix kilomètres, par tous les temps, freine mon assiduité. Maman, très conciliante, n'insiste pas pour me sortir du lit. « Yooo, c'est pas grave, tu iras dimanche prochain. » Je retourne alors enfouir mon nez dans l'oreiller douillet, bonheur suprême digne du paradis.

Un dimanche de printemps, le pasteur nous explique que la vierge Marie a eu son fils Jésus sans connaître physiquement son charpentier de mari. Cela me semble tellement inimaginable que j'exprime mon étonnement devant la classe entière. Bien sûr, les valeurs, le bien, le mal, tout cela, je le comprends, mais avoir un enfant grâce au Saint-Esprit est vraiment trop invraisemblable ! Quelques années plus tôt, mon amie Suzanne m'a expliqué comment on fait les bébés, j'en étais ébahie. J'ai eu beaucoup de mal à y croire, mais lorsque cela m'a été confirmé par ma sœur, j'ai dû admettre cette vérité.

Ce dimanche-là, le pasteur nous explique que Jésus est né sans l'intervention de son papa. N'importe quoi ! « Pasteur, expliquez-moi comment cela est possible ? »

« Bah, comment dire, c'est comme ça ! » Sa réponse me semble très expéditive, j'en conclus qu'il raconte n'importe quoi. Je n'ai plus envie d'entendre ses sornettes et reste confortablement dans mon lit les dimanches suivants.

Au bout d'un mois, maman me dit « Si tu veux faire ta confirmation, faut quand même aller au cours de religion ! ». Démotivée je me force à y retourner. J'entame alors un rythme de présence en alternance. Je décide d'y aller deux dimanches de suite puis, les trois autres, je reste chez moi.

Lorsque j'entame la deuxième année, le pasteur me menace de m'exclure du cours si je manque autant. Cela ne change pas mes habitudes. Au contraire, s'il hésite à me garder, autant ne plus y aller du tout. Cependant, l'idée de porter la montre me séduit encore.

Deux mois avant la confirmation, je vois un homme s'engager à vélo au bout de notre rue. Je ne le reconnais pas tout de suite. Lorsqu'il s'approche, je vois la mine renfrognée du pasteur. « Ta maman est là ? Je veux lui parler. » Maman promet au pasteur que je ne manquerai aucun cours jusqu'au jour de la confirmation. C'est pour elle que j'y vais, elle a déjà organisé une fête avec toute la famille.

Le jour de la confirmation, maman m'oblige à porter un chemisier blanc avec une jupe plissée bleu marine. Cela ne me correspond pas du tout, je me sens déguisée et ridicule.

La cérémonie tire en longueur, je n'en peux plus d'attendre la bénédiction.

Enfin, le pasteur pose quelques gouttes sur nos fronts acnéiques. Je suis confirmée.

Avant de partir, je dis discrètement au pasteur : « Les bébés se font à deux ; je le confirme ! » Il me sourit, je crois qu'il est soulagé de savoir qu'il ne me verra plus en cours.

Les jours suivants, je ne choisis que des chemisiers à manches courtes. Je veux faire admirer à tous ma jolie montre Yéma.

Finalement, ça valait le coup !

Orange
Yo, 14 ans

Mon amie Anne et moi, adorons nous apprêter. Nous passons des heures à nous brosser les dents avec du citron, persuadées de l'efficacité de l'acidité sur leur blancheur. Nous fabriquons des emplâtres à base d'argile pour adoucir nos peaux de préadolescentes. Nous testons mutuellement des masques à base de feuilles récoltées dans nos jardins. Le persil finement haché mélangé à du yaourt assure la souplesse de nos épidermes. L'eau froide, abondement versée sur nos visages, resserre les pores dilatés. Nous imaginons des remèdes improbables, récoltant du sable pour frotter nos jambes, choisissant du charbon pour déodorant, mâchouillant des brindilles pour nos haleines.

Michèle accepte régulièrement d'être notre cobaye. Nous la sollicitons lorsque nous hésitons à commettre nos études sur nous-mêmes. Bien sûr, elle est persuadée que nous savons pertinemment ce que nous faisons. Nous démontrons par des arguments infaillibles l'efficacité significative de nos découvertes.

Un jour, Anne apporte du henné et immédiatement, heureuse de l'utiliser, nous tartinons nos cheveux de la pâte marron. Après de longues minutes de patience, le rinçage coule d'une couleur carmin, salissant abondamment le lavabo. Maman apprécie peu nos expériences. Elle surveille régulièrement l'état de la salle de bain, munie d'une éponge salvatrice, guettant les moindres résidus de saleté.

L'attente du résultat est insoutenable ! Nos cheveux ont-ils le reflet auburn attendu ? Mes boucles ne peuvent être séchées qu'à l'air libre.

D'ailleurs, il n'y a aucun sèche-cheveux dans la maison. Je secoue la tête selon mon habitude, comme un chien mouillé. Notre sursis avant le résultat final provoque des fou-rires incontrôlables, ma mère émettant cependant quelques craintes quant au dénouement.

Enfin nos crinières prêtes, nous constatons, très déçues, qu'il n'y a aucun changement. Maman, soulagée, nous affirme que le henné est très bénéfique, et que notre expérience n'est pas vaine.

Michèle arrive pimpante. Je lui propose bien sûr de partager notre découverte. Michèle, sceptique, hésite beaucoup. « C'est très bon pour tes cheveux, ça va les fortifier ! ». Tous les arguments d'un coiffeur expérimenté sont énoncés. Le doute est encore présent dans l'esprit de ma sœur. « Maman a dit que c'était très efficace. »

Michèle accepte donc que nous traitions sa blondeur ondulée. Le processus recommence. Patiemment, Anne et moi, nous nous occupons de ma sœur. L'attente est moins stressante, nos expériences nous ont confortées dans les bienfaits de ce soin ancestral.

Michèle ne voit pas l'évolution de la couleur de ses cheveux. Anne et moi échangeons quelques regards inquiets. Maman est partie vaquer à d'autres occupations. « Ça a l'air super, c'est bientôt sec. » Un orange carotte se révèle doucement. Je rassure ma sœur, mentant allègrement. « Ouah c'est bien, ça change ! » Michèle, confiante, réclame un miroir. Anne et moi, nous nous préparons à fuir à toutes jambes. Nos rires incoercibles nous empêchent de respirer, des larmes incontrôlables exultent de nos yeux. Maman nous rejoint, curieuse de notre hilarité. Lorsqu'elle voit sa fille coiffée d'orange, elle ne peut contenir, elle aussi, un fou rire explosif.

Le hurlement de Michèle doit s'entendre jusqu'au bout de la ville. Elle nous insulte mais nous ne pouvons cesser de nous dilater la rate.

Michèle prend rendez-vous chez un coiffeur afin de rectifier ce carnage.

Elle choisit un joli fichu de maman afin de cacher la honte de sa coloration.

Lorsqu'elle se découvre, le coiffeur éclate de rire et se moque tant et si bien que Michèle part en claquant la porte. Elle trouve un coiffeur conciliant qui réussit tant bien que mal à transformer l'orange en auburn.

Plus jamais elle n'acceptera de nous servir de cobaye…

Affaire classée
Yo, 16 ans

Nous sommes environ trente élèves. Le joli bâtiment du lycée Montaigne à Mulhouse me change des baraques préfabriquées du collège d'Illzach. Celui-ci a brûlé en 1972, un élève récalcitrant y a mis le feu. L'adolescent était très érudit, avec un sens du commerce très développé. D'ailleurs, il vendait sa sœur pour s'enrichir. Il se laissait pousser les ongles à l'instar des mandarins dont les griffes rallongées servaient à récupérer les mèches de chanvre dans les lampes à huile. Le pyromane utilisait aussi du chanvre mais préférait le fumer. Il a avoué son délit, pris de remords lorsqu'un autre élève a été soupçonné.

Le lycée Montaigne a été construit en 1912, dédié uniquement aux jeunes filles. Il devient mixte en 1971. Je fais chaque jour le trajet à vélo. Comme mes parents ne m'ont pas inscrite à la cantine, je rentre souvent entre midi et deux heures. Parfois, je préfère m'acheter un petit-pain fourré aux amandes en guise de déjeuner. Il y a, à l'entrée du lycée, un dépôt de pain et de viennoiseries. Celui-ci provoque une file immense de jeunes affamés entre les heures d'études.

Un grand parc, magnifiquement arboré, se trouve juste en face.

Lorsque je m'y installe la première fois, admirant la végétation et les fleurs, un individu me propose de la drogue. Je comprends que ce lieu n'est pas destiné à la contemplation, j'abandonne l'idée de m'y reposer entre les cours.

Dans ma classe, je retrouve la plupart de mes amies du collège. L'emploi du temps chargé ne nous permet plus de nous voir en dehors des cours. De plus, elles vont toutes à la cantine, nous nous éloignons petit à petit.

Les cours ne me passionnent pas. À part celui de notre professeur de français qui note sévèrement nos rédactions. Je m'en sors toujours très bien, il semble aimer mes écrits.

Un jour que mon esprit se balade vers des aventures extraordinaires et passionnantes, loin de la prison de la salle de classe, je comprends que je n'y suis pas à ma place. Je regarde les garçons et les filles autour de moi. Qu'avons-nous en commun ? Ils me semblent tous tellement immatures. Et ce professeur de français, si triste, même si j'ai la chance qu'il m'apprécie… pourquoi je reste à l'écouter marmonner son cours sans aucune passion ?

J'ai le sentiment d'être la pièce d'un autre puzzle. Je me sens inadaptée à ce monde scolaire. Je sens grandir en moi une envie irrépressible de m'évader. Je ne peux pas rester figée dans ce système, attachée à une chaise inconfortable, dans une salle aux odeurs tenaces de glandes sudoripares d'adolescents pubères.

Je suis la seule à gagner un peu d'argent en faisant des petits boulots. Le monde des adultes et des responsabilités est déjà le mien. Tous ces élèves autour de moi sont des enfants, je n'ai pas ma place au milieu d'eux.

Sans lever le doigt, sans rien dire, je prends mes affaires en plein cours de français et me lève. Le professeur me demandant où je vais, je lui réponds : « Je pars vivre ma vie. »

Mes parents reçoivent une lettre à la fin de l'année scolaire, le proviseur propose de me faire redoubler.

Maman jette le papier, elle sait que je ne retournerai jamais à l'école.

Salam, va-t'en guerre

Je me suis battu avec mon père ! Maman criait, mes frères essayaient de nous séparer.

Je croyais être seul, j'ai essayé la tenue que j'ai confectionnée avec une nappe abîmée, maman voulait la jeter. Yo m'a donné l'idée lorsqu'elle a fait sa jupe blanche.

Moi, j'ai cousu une robe bleue, j'aime le bleu, c'était la couleur des yeux de Fatima.

J'ai assorti mes paupières au tissu fluide et souple. L'azur, dans le miroir, me renvoyait au souvenir de mon pays, l'Algérie. Du rose pâle sur mes lèvres, comme un lever de soleil, ouvrait mon cœur à une joie immense, je me sentais femme.

Un cri déchirant a brisé mon voyage, ma mère était là, devant moi, outrée et furieuse devant mon accoutrement.

Mon père est arrivé alors et a commencé à me frapper violemment, j'ai rendu les coups, et je suis redevenu, en une seconde, un mâle digne de ce nom !

Je suis maintenant dans le train, j'ai pris mes petites affaires. Je n'ai pas payé mon billet, je ne sais même pas où je vais, ma vie est déchirée comme un vieux tissu, le lambeau qui me reste est le seul bien que je possède.

Je demande à un voisin la destination du convoi, il me regarde étonné par ma question. « Paris. »

Et là, en une seconde, je reprends confiance en moi, c'est un signe, Paris est la capitale de la mode, voilà mon nouveau pays, ma nouvelle famille.

Je m'enferme longuement dans les toilettes, pour échapper au contrôleur. Il fait nuit à présent, je me risque à sortir et me promener dans l'étroit couloir. Les passagers dorment pour la plupart, affalés dans leur fauteuil.

Je vais avoir seize ans, je pars à l'aventure à Paris, ou peut-être que ce sera une guerre. Je suis prêt à affronter ce que je suis réellement, un homme avec une sensibilité de femme, un homme qui aime la couture, le maquillage, l'art, et tout cela me servira dans la création.

Je suis fort, comme un guerrier.
Paris est à moi

Épilogue

Je me suis toujours sentie en décalage. J'avais l'impression de sortir de moi-même et d'observer ce qu'il se passait. À l'école, à la maison, je n'étais souvent que spectatrice des évènements. « Non, faut pas faire comme ça ! » Je me disais que plus tard je saurais faire mieux. Je n'avais pas la possibilité d'agir à la place de mes parents, par exemple, mais j'apprenais de leurs erreurs. Les violences de mes maîtresses d'école, imprimées dans ma chair, construisaient la force qui grandissait en moi. De mes amitiés pluriculturelles, je comprenais que l'empreinte sociale et familiale gravait en nous l'histoire de notre vie.

Le mot le plus important pour moi durant cette période était « ailleurs ». Que se passait-il ailleurs ? Comment se délivrer du hasard de notre naissance dans un lieu, un contexte non choisis ? Quelles portes s'ouvraient sur une autre histoire ? Choisir un chemin différent de celui créé par ma famille était la mission que, très jeune, je décidais d'accomplir.

Il y avait forcément autre chose ! J'écartais très vite les contraintes du quotidien. Je sentais le côté éphémère de l'existence. Je n'avais rien à perdre.

Aussi je voulais avancer très vite dans la découverte du monde. Gaspiller un temps précieux m'était inconcevable.

Cette conviction développait en moi une assurance et une certitude que, très vite, ma mère avait comprises. Elle me faisait confiance. Elle sentait que j'arriverais par tous les moyens au but que je m'étais fixé : vivre pleinement. Peut-être qu'elle-même n'avait pas eu la force d'explorer l'inconnu inquiétant d'un univers différent du sien ? Elle observait, sereine, la curiosité qui faisait briller mon regard. Elle comprenait mon besoin d'évasion permanent.

Mon père, comme tous les papas de l'époque, avait pour mission de travailler et d'apporter un salaire à la maison. Pour le reste, c'était l'épouse qui gérait tout. J'étais ainsi complètement tranquille, l'éducation de maman me convenait totalement.

Comme j'étais la petite dernière, les angoisses parentales avaient disparu. Je profitais du pacifisme de mon foyer pour m'extirper du quotidien comme un papillon de sa chrysalide. Déployer mes ailes me permettrait de vivre différemment. Je désirais autre chose. J'avais la conviction inébranlable que le monde avait davantage à m'offrir. Il suffisait que j'explore les possibilités de m'évader.

Souvent, dans le carcan scolaire, j'étouffais d'ennui. Je me posais la question : « Qu'est-ce que je fais là ? » D'ailleurs, sortie de l'enfance, à seize ans, je quittai mon banc d'école en plein cours. Je n'y retournai plus jamais, refusant la prison de l'éducation sévère de l'époque.

Ce que j'aimais, c'était apprendre par moi-même. À onze ans, je volais quelques francs à maman pour m'acheter le roman de Stendhal « Le rouge et le noir. » Je fus transportée et le voyage par la littérature ne me quitta plus jamais. Les livres m'offraient une vision du monde extraordinaire. J'entrais sans passeport dans les pays inconnus et découvrais les émotions que mon quotidien ne me révélerait jamais. Je passais des heures à lire, maman se fâchait lorsque je ne répondais pas, même à l'appel du repas.

Lorsqu'un jour je pleurai en lisant la mort d'un petit garçon qui s'appelait Willy, roman que je n'ai jamais retrouvé, hélas, maman me gronda et me dit que je devais cesser ma lecture immédiatement. Je lui dis que c'était impossible, qu'elle devait comprendre que c'était ma façon de vivre, d'aimer, d'être heureuse ou triste, et que seuls les romans me permettaient de ressentir les émotions de manière exacerbée.

Elle me répondit que le repas allait refroidir. Maman n'avait jamais lu de livre. Se transposer dans une histoire aussi fortement lui semblait presque dangereux. Pour moi, c'était la façon la plus intense de vivre une autre vie.

J'ai adoré mon enfance. Ma famille, mes amis ont tous contribué à la construction de ma personnalité. Les difficultés m'ont enseigné la résilience, la force de braver les épisodes douloureux de mon existence. La liberté qui m'était offerte m'a apporté l'autonomie, la confiance en moi.

La persévérance et la patience pour obtenir ce que je souhaitais m'ont rendue pugnace. La rencontre d'autres univers, les enfants algériens, polonais, italiens, m'ont appris la tolérance.

Oui, j'ai adoré mon enfance.

J'ai appris à comprendre les différences, à les accepter. Moi-même me sentant en permanence une étrangère, une spectatrice, j'analysais les comportements de mon entourage. L'injustice me mettait en colère mais, très rapidement, je compris qu'il fallait simplement les ignorer s'il était impossible de les combattre.

Je trouvais ma joie de vivre auprès de ma sœur, mon frère et mes amis. Souvent, le monde des adultes me semblait moins mature que celui de l'enfance. Respirer l'odeur des foins, me réjouir d'un morceau de chocolat, pédaler à toute vitesse sur mon vélo trop grand pour moi, cette réalité était un essentiel que beaucoup d'aînés avaient oublié. Ce n'était pas l'insouciance qui leur manquait, c'était la valeur des petites joies. L'autorité, la jalousie, les disputes, le mépris, tout cela s'exprimait plus fortement chez les personnes soi-disant d'autorité. Leur suffisance m'étonnait même, comment cela pouvait-il les rendre heureux ?

Avoir le pouvoir de se réjouir quotidiennement de ce qui nous est offert sur terre, voilà la richesse d'un être humain. Grâce au milieu dans lequel je suis née, j'ai eu la chance de mesurer ces petites joies. Grâce à ma famille, j'ai appris les valeurs humaines indispensables pour continuer le chemin. Où me conduirait-il ? Cela n'avait aucune importance, ce que je savais, c'était que j'en profiterais à chaque pas.

Les choses ont bien changé.

Dans mon quartier, il y avait peu de voitures. Les mobylettes étaient légion et les vélos aussi. Nos terrains de jeux se trouvaient dans les champs, la rue, les terrains vagues.

Dans tous les foyers de la classe moyenne, la boisson la plus populaire était le Kiravi, vin rouge bon marché « qui ravit ! », garantissant à ses consommateurs l'ivresse d'une vie plus trépidante.

Nous ne manquions de rien, cependant l'argent était scrupuleusement compté et les fins de mois parfois difficiles. Heureusement, les petites maisons avaient un jardin, toutes les familles y plantaient des potagers. Les femmes stérilisaient des bocaux pour préparer l'hiver, les hommes coupaient du bois pour les poêles. Plusieurs de nos voisins élevaient des poules et nous vendaient les œufs pour la semaine.

Nous étions vêtus des affaires de nos aînés, les bouteilles étaient consignées, il n'y avait pas de sacs en plastique, nous rangions nos courses dans un filet de coton.

La première fois que je suis allée au cinéma, j'avais quatorze ans. Mes parents ne nous emmenaient jamais au cirque qui s'installait chaque année près de chez nous, nous regardions de loin les animaux et les clowns qui y vivaient. Nos vacances étaient payées par les entreprises, nous allions en « colo » sans nos parents.

Mon père et ma mère n'ont jamais voyagé, comme beaucoup de personnes du quartier.

Seuls nos voisins italiens partaient parfois dans les Abruzzes pour visiter leur famille.

Je découvris les chips en classe de sixième, ainsi que le coca. J'étais invitée alors chez des amies dont le père avait une bonne situation. J'imaginais une richesse colossale qui permettait d'habiter une vaste maison où l'argent n'était jamais compté. Il y avait un dressing gigantesque, presque aussi grand que ma chambre à coucher.

Cet autre monde m'intriguait, j'avais l'impression que la réelle valeur des choses était brocardée, renvoyée aux quartiers populaires où j'habitais.

Chez nous, le fait-maison était un art de vivre et une nécessité. Maman faisait les gâteaux, les glaces, les confitures et autres délicieuses douceurs.

Chez mes nouvelles amies « riches », tout était acheté et moins bon. Je m'étonnais de la profusion de leurs vêtements et me disais que j'avais la chance de ne pas avoir à réfléchir chaque matin sur ce que j'allais mettre. J'alternais mes deux pantalons, dès lors qu'ils étaient fraîchement lavés.

Cela me suffisait amplement.

Aucune femme du quartier ne se maquillait, tout le côté futile était inexistant.

L'essentiel était l'unique alternative, le choix n'existait pas. La profusion était un mot absent de notre vocabulaire. Nous n'imaginions même pas l'intérêt de la multiplicité des propositions. L'absurdité du déraisonnable faisait partie de notre éducation. La valeur intrinsèque de nos besoins élémentaires était une évidence.

Maman gérait le budget. Tout se payait en liquide, elle n'avait pas de carte bancaire. Cela lui permettait de rester vigilante quant à l'argent qui lui resterait pour boucler le mois. Les petites pièces étaient soigneusement rangées dans son porte-monnaie noir, elle cachait les billets sous les draps dans l'armoire de sa chambre, comme toutes les ménagères d'ailleurs…

À l'époque, l'inflation avait permis à de nombreuses familles d'accéder à un bien, mes parents remboursèrent leur petite maison durant trente ans.

Maman était fière de cette acquisition. Malgré le petit salaire de mon père, ils avaient réussi ensemble à économiser suffisamment pour acheter un toit. Cela représentait une sécurité fondamentale et rassurante.

Dans cette petite maison jumelée, où j'ai vécu toute mon enfance, j'ai grandi et fabriqué la fondation de ma personnalité. Petite maison, petits moyens, petit quartier et grandes valeurs, cela pourrait résumer les premières années de ma vie.

Je me pose la question aujourd'hui : quels sont les souvenirs d'enfance dont pourraient parler mes fils ?

Depuis toute petite, je voulais être une mère parfaite, je savais que ma vie serait accomplie dès lors que j'aurais mis des enfants au monde. Je voulais que mon corps soit sain, il ne m'appartenait pas. Pour cette raison, j'ai bu mon premier verre de vin à l'âge de 27 ans, après la naissance de mes deux fils.

Le contexte des années quatre-vingt était très différent de celui de mon enfance. Les valeurs que je connus petite, dans l'austérité d'un foyer aux petits moyens, n'étaient plus du tout d'actualité. Mon fils aîné eut son premier ordinateur à onze ans. Nous avions les moyens d'offrir des jeux vidéo coûteux, d'aller souvent au cinéma, d'acheter plein de choses inutiles pour leur faire plaisir.

Est-ce que leurs valeurs en ont été amoindries pour autant ? Je sais que non.

Aujourd'hui, nous revenons vers une vie plus mesurée. Les écologistes sont enfin écoutés.

La sobriété et la tempérance sont préconisées, le gaspillage est combattu, les potagers et poulaillers reviennent dans les jardins. Est-ce que mes petits-fils seront différents ?

Je crois simplement que c'est l'amour, l'attention que l'on porte à sa famille qui impactent nos caractères. Qu'importe le niveau social ou l'époque, la famille reste le berceau du futur des enfants.

J'ai tenté le maximum pour construire la famille idéale, je sais qu'elle n'existe pas, ce qui importe c'est de tout mettre en œuvre pour y arriver le mieux possible. Les erreurs sont inévitables, les ressentis de chacun sont si différents.

Ma certitude réside dans le fait d'exprimer sans pudeur tout l'amour que je porte à mes fils et mes petits-fils, soleils de ma vie.

Comme je portais ton corps
Sur mon dos en corbeille
Je porterai ton enfant
Sur mon dos tout pareil.

Remerciements

Un grand merci à mon amie de toujours, Anne, qui lit, corrige, écoute et qui m'a offert son temps pour m'accompagner au cœur de ce livre.

Merci à mon frère et ma sœur qui ont répondu à mes questions, ils ont su réveiller des détails pour illustrer mes récits.
Grâce à ce voyage dans le temps, j'ai revu des cousins, des cousines, ma marraine, et ces moments partagés ont été délicieux.

Merci à Pierre Bérard, artiste accompli, pour la réalisation de la couverture et des illustrations.

Merci à mes fils de m'avoir soutenue, d'avoir émis des idées, des suggestions très précieuses.

Merci à mon premier lecteur, Pascal, qui a l'indulgence d'un mari attentionné.

Imprimé en Allemagne
Achevé d'imprimer en juillet 2023
Dépôt légal : juillet 2023

Pour

Le Lys Bleu Éditions
40, rue du Louvre
75001 Paris

www.ingramcontent.com/pod-product-compliance
Lightning Source LLC
La Vergne TN
LVHW010556160826
845677LV00013B/3150

* 9 7 9 1 0 4 2 2 0 0 1 5 2 *